Was besagt Vergessen und Erinnern des Guten?

DIRK HEINRICHS

WAS BESAGT

VERGESSEN & ERINNERN

DES GUTEN?

EDITION TEMMEN

Die Deutsche Bibliothek verzeichnet diese Publikation in der Deutschen Nationalbibliografie; detaillierte bibliografische Daten sind im Internet unter http://dnb.ddb.de abrufbar.

1. Auflage 2007

Hohenlohestr. 21
28209 Bremen
Tel. 0421-34 84 3-0
Fax 0421-34 80 94
info@edition-temmen.de
www.edition-temmen.de

Gesamtherstellung: Edition Temmen
ISBN 978-3-86108-883-7

Gewidmet

im Andenken meiner Frau Ruth-Christa
und unseres Sohnes Donatus

in dankbarer Erinnerung meinen Rettern,
die mir die Frage und Aufgabe schenkten:
Warum und wozu sollte ich überleben ...

in Liebe und Verehrung
meinen Kindern, Enkeln, Freunden,
Lehrern und Wegbegleitern

Inhalt

Zum Geleit

Das hier vorgelegte Buch soll den Lesern, die an der militärischen Retterforschung interessiert sind, meine ungekürzten Essays vorlegen. Sie wurden bislang nur in gekürzter Form veröffentlicht. In den zitierten Fischer-Taschenbüchern mussten mir wesentliche Passagen gestrichen werden, um den kalkulierten Umfang der Sammelbände mit einer vorgeschriebenen Seitenzahl einzuhalten. Das war damals für den Herausgeber Wolfram Wette und für mich keine leichte Aufgabe der Einschränkung.

Mit Wolfram Wette verbindet mich, auch als Mitbegründer des Arbeitskreises Historische Friedensforschung 1984 in meinem Heimatdorf Fischerhude durch Karl Holl's Initiative eine sehr dankbare, gegenseitig freundschaftliche Achtung. Und später auch aus der 1998 aufgenommenen militärischen Retterforschung. Darüber hat Wolfram Wette an anderer Stelle berichtet. Unvergesslich bleibt unsere gemeinsame Reise zwecks Aktenstudium nach Jerusalem - Yad Vashem. Das diese neue Disziplin des »Rettungswiderstandes« in der Geschichtswissenschaft Eingang und Anerkennung durch ihre Forschungsergebnisse auch aus der engagierten Mitarbeit vieler kundiger Historiker gefunden hat, die Wolfram Wette für diese von uns neu entdeckte Aufgabe zu begeistern verstand, ist unstreitig sein Werk, - nichts weniger auch die Durchsetzung ihrer Wahrnehmung und Zustimmungen in der Öffentlichkeit.

In meinem fortgeschrittenen Alter war es höchst anregend, im Kreis der an dieser Forschungsdisziplin mitwirkenden, so viel jüngeren Historiker als Laie aufgenommen zu sein und über Anstoss und Förderung hinaus noch einmal als Lernender am fachlich historischen Forschen teilzunehmen, nicht zuletzt mit zwei eigenen Beiträgen.

Für den biographischen Essay 1: Das Beispiel der Rettungstaten des Lehrers und Hauptmanns d. R. Wilm Hosenfeld, in Warschau 1940-44 bin ich der Familie seiner Kinder und insbesondere Dr. Helmut Hosenfeld zu herzlichem Dank verpflichtet. In seinem Hause wurde mir grosszügig über 2 Jahre vollständiger Einblick und Lese im Nachlass seines Vaters gewährt.

Der den beiden Essays hinzugefügte »Traktat über die Unstillbarkeit des Fragens nach dem Guten« ist als eine Folge, eine Zusammenfassung zu verstehen, was sich mir schon im Kriege 1943/45 und später immer wieder unabweisbar in sein Bedenken aufdrängte mit wenn auch im Ganzen unbeantwortbaren Fragen der Sinnsuche. Es ist ein zweispuriger Weg, den ein Pascal-Wort kennzeichnet: »Nicht eine Erniedrigung, die uns zum Guten unfähig macht, noch eine Heiligkeit, aus der das Böse ausgeschlossen ist« (Pensees 211).

Im Februar 2007

Dirk Heinrichs

I. DAS BEISPIEL DER RETTUNGSTATEN

des Lehrers und Hauptmanns d. R. Wilm Hosenfeld

VORSPANN

Am 20. Juli des Jahres 2000 hielt der Bundesminister für Verteidigung, Rudolf Scharping, im Bendlerblock in Berlin eine Ansprache anlässlich des Gelöbnisses von Rekruten des Wachbataillons der Bundeswehr. Im Kern waren die Ausführungen ungewöhnlich. Am Gedenktag des militärischen Widerstandes wurden zum erstenmal in der Geschichte der Bundeswehr, wenn nicht überhaupt der deutschen Militärgeschichte den Rekruten Soldaten der Wehrmacht als Vorbild hingestellt, die »aus sittlicher Verpflichtung zur Menschlichkeit handelten«. Die keine Helden mörderischer Waffengänge waren, sondern Empörte, Helfer und Retter von todbedrohten, verfolgten Juden, Polen und anderen offiziell auszurottenden Minderheiten. »Sie verdienen es, vor dem Vergessen bewahrt zu werden,« sagte der Minister. »Ihr Ziel war nicht der Umsturz, sondern unmittelbare Hilfe und Rettung von Bedrängten und Verfolgten. Viele haben diesen ihren Mut mit dem eigenen Leben bezahlt. Ihre mutigen Taten haben sich naturgemäss und oft genug zumeist im Verborgenen abgespielt. Durch das Zeugnis der Geretteten wurden einige dieser Helfer jedoch vor dem Vergessen bewahrt.«[1]

Zu dieser Bewahrung vor dem Vergessen hat die Ansprache von Minister Scharping einen Beitrag geleistet, der nicht nur denjenigen aufhorchen lässt, der mit der Geschichte nach 1945 eines still verabredeten Verschweigens und Zudeckens der vielfach befohlenen oder geduldeten Verbrechen des Vernichtungskrieges vertraut ist. Aber welche Völker, auch beeinflusst von ihrer jeweiligen legendenbildenden, also auch zudeckenden Geschichtsschreibung, üben denn nicht auch diese kollektive Untugend des Verbergens böser Aktionen, böser Missachtungen und Zerschlagungen aller Menschlichkeit? Auffallend ist daher der Geist der Ansprache und sicher auch ihre Zielsetzung. Sie folgt – dem Sinn nach – unserem seit

1998 aufgenommenen historischen Forschungsprojekt *Retter in Uniform* ohne eine Einflussnahme von unserer Seite - sieht man einmal von einer Publikation von Wolfram Wette zum Fall von Feldwebel Anton Schmid in Wilna 1941/42 ab.[2] Dieser wurde am 6. Mai 2000 mit der Kasernenumbenennung in Rendsburg beachtet und geehrt. Unser eigentliches Anliegen war so auf überraschende Weise durch des Ministers Ansprache öffentlich gemacht und sozusagen für die Bundeswehr legitimiert. In dem Text fällt dabei das zweimal ausgesprochene Wort »vergessen« auf. Es stellt eine Beziehung zu meinem Thema her. Ich werde darauf später im zweiten Essay in einer ausführlichen Deutung zurückkommen. Und zwar was unserer zeitgeschichtlichen Erkenntnis versucht wurde vorzuenthalten mit diesem Vergessen (machen) des Guten und des Bösen, der Guten und der Bösen. Wir kennen seit Jahrzehnten eine umfassende Opfergeschichte, dann auch eine Tätergeschichte. Sieht man von einzelnen Veröffentlichungen in früheren Jahren in Buchform oder Presseberichten ab, scheint sich erst jetzt, ein halbes Jahrhundert nach dem Geschehen, eine gediegene Rettergeschichte zu entwickeln. Das Augenmerk darauf war bislang noch keineswegs öffentliches Bewusstsein. Immerhin ist dieses Augenmerk festgehalten im »Gesetz zum Andenken an die HOLOCAUST Märtyrer und Helden - YAD VASHEM 1953« Ziff. 9. Dort heisst es, dass sich das Gedächtnis auch richten soll »an die Edlen aller Völker, die ihr eigenes Leben aufs Spiel setzten, um Juden zu retten«.

Es sei hier beiläufig klargestellt, dass ich nicht etwa zwecks einer gewissen Weisswäscherei der Wehrmacht - im Gegenzug zur Ausstellung »Verbrechen der Wehrmacht« - veranlasst bin. Die Wenigen, die Freiheit und Mut aufbrachten, sich ihre humane Einstellung nicht wegbefehlen, nicht wegpropagandisieren zu lassen, sie verdeutlichen gerade durch ihr Gegenbeispiel der Menschenachtung und -liebe statt Hass, Verachtung und Gleichgültigkeit, durch ihre interaktionsfähige Zuwendungsspontaneität - zumeist ausgelöst von tiefstem Erschrecken - die nie mehr abzulösende Schuldenlast unseres Volkes. Die Wenigen stellen auch die Frage: warum waren es nicht mehr ...? Eine Frage, die schon Hannah Arendt in ihrem Buch »Eichmann in Jerusalem« äusserte, als im Prozess der ehemalige Kommandant jüdischer Partisanen in Wilna und den Wäldern der Umgebung, Abba Kovner, seinen Zeugenbericht über den Feldwebel Anton Schmid vor einer danach im zweiminütigen Schweigen der Ehrung verharrenden Zuschauermenge abgab.[3] Die Wenigen: in Yad Vashem fanden Wolfram Wette und ich im März 2000 kaum fünfzig registriert, eine kleine Zahl von Lichtgestalten in der Untergangsdämonie. Diese Zahl erhöhte sich sicherlich nicht unbeträchtlich, gelänge es, die vielen teils auch bewusst unbekannt gebliebenen, unbekannt bleiben wollenden Helfer und Retter unter den Soldaten der Wehrmacht dem Vergessen zu entreissen. Dieses unbekannt bleiben müssen oder wollen hatte seinen Grund nicht etwa nur in sie schützender, notwendiger Geheimhaltung noch während des Krieges. Oder danach in der Bescheidenheit und Scheu vor einer möglicherweise als Selbstbelobigung auszulegenden Darstellung ihrer Taten, die sie hingegen als eine »Selbstverständlichkeit« ansahen und empfunden hatten. Hier sagt das Bekenntnis von Oberfeldwebel Hugo Armann, der in Baranovici viele Juden rettete, alles: »Ich habe nicht viel getan. Doch wenn viele ein weniges getan hätten, hätte viel daraus werden können«.[4] Dagegen ist die Tatsache eine nachweisbare Erfahrung mancher Helfer oder ihrer Familien, dass wenn die Retter ihr Leben hingaben, in der Gesellschaft der Bundesrepublik nach 1949 und bis vor kurzer Zeit Desinteresse, Ablehnung, ja Verächtlichmachung vorherrschte.

Ich möchte zur Ansprache Scharpings vom 20. Juli 2000 noch einige hinterfragende Anmerkungen machen.

- Woran könnte es gelegen haben, dass die Reaktion der Tagespresse am 21. und 22. Juli 2000 keine Wiedergabe der Ansprache und keine Kommentierung gebracht hat und den Vorgang in seiner Bedeutung nicht zur Kenntnis genommen, ihn so verkürzt oder in ein paar Zeilen hinein gestoppelt hat, dass die Kernpassage keine Spalten fand? Liegt hier eine Fortsetzung der Verschweigungs-, der Zudeckungsgeschichte vor? Die wenigen Blätter, die sich noch eben in Andeutungen ergehen, verschweigen die Namen der von Minister Scharping zitierten Retter und vor allem, welche Menschen gerettet wurden: Juden. Verschweigen - wie auch Scharping -, dass Feldwebel Anton Schmid mit den jüdischen Partisanen in den Wäldern um Wilna helfende Verbindung hatte. Ist solches Aussparen von Wahrheiten absichtslose Nachlässigkeit? Ist es historische Unkenntnis von Nachrichten sortierenden Redakteuren? Oder einfach ein Mangel an Sensibilität? Verschweigen doch mehr als ein gutes Dutzend überregionaler Tageszeitungen und Wochenblätter, worum es in dieser »Gelöbnisfeier« im Kern gegangen ist. Verschweigen alle samt und sonders die Namen der von Scharping genannten Retter. Nur der »Tagesspiegel« gibt am 21. Juli 2000 überhaupt einen nachdenkenswerten Kommentar »Neue Erinnerungspolitik« mit Fragen in den Hintergrund der Ansprache, andere Fragen als ich sie hier stelle. Die Rede von Bundestagspräsident Thierse oder der Einsatz der 1000 Polizisten zum Schutz der Feier war der übrigen Presse weitaus wichtiger. Einige Male fand Erwähnung die Kranzniederlegung, die geduldete, des Verbandes der »Opfer der NS-Militärjustiz«, Vereinigung ehemaliger Deserteure der Wehrmacht.[5]
- Der Minister zählt die Helfer und Retter mit fünf namentlich genannten Personen, darunter eben

auch Anton Schmid und Wilm Hosenfeld, zu denjenigen »Wehrmachtssoldaten, die keinen organisierten Widerstandsgruppen angehörten«. Aber: »Neben dem 20. Juli 1944 hat sich die Bundeswehr auch eines weitgehend unbekannten Erbes des militärischen Widerstandes angenommen.« Die beispielhaft genannten fünf Personen werden, im Klartext gesagt, von der Bundeswehr als ihre Erblasser in Anspruch genommen. Das stellt die Frage, was eigentlich Widerstand ist, im besonderen militärischer Widerstand? Sind die Handlungsmotive und der Geist jener Retter nicht klarer erfassbar, wenn man sie vom Militärischen ihres Widerstandes abgrenzt, statt sie mit einem sogenannten erweiterten Widerstandsbegriff in die Erbverantwortung der Bundeswehr zu integrieren?[6] Dieser Frage ist nachzugehen und der Widerstandsbegriff in zutreffender Würdigung der erkannten Helfer und Retter abzuklären.

Als ersten Hinweis zu dieser Abklärung - weitere folgen später noch - zitiere ich, »was denn eigentlich Widerstand genannt werden muss.« Wolf Biermann führt es an in seinem Essay »BRÜCKE zwischen Wladyslaw Szpilman und Wilm Hosenfeld« [7], in dem Erinnerungsbuch von Wladyslaw Szpilman »Das wunderbare Überleben«: »In dem Museum der Warschauer Ghettokämpfer im Kibbuz Lochamei Ha'gettaot fand ich - als wäre es eine Variation auf die Zehn Gebote vom Sinai - eine Liste von zehn Definitionen, in denen der Ghettokämpfer Chaim Guri aufzählt, was denn eigentlich Widerstand sei:

- Einen Laib Brot zu schmuggeln - war Widerstand
- Im geheimen zu unterrichten - war Widerstand
- Warnungen auszusprechen und Illusionen zu zerstören - war Widerstand
- Eine Thora-Rolle zu retten - war Widerstand
- Ereignisse aufzuschreiben und Aufzeichnungen zu verstecken - war Widerstand

- Mit den Eingeschlossenen in Verbindung zu treten - war Widerstand
- Mit Waffen in Strassen, Bergen und Wäldern zu kämpfen - war Widerstand
- In Todeslagern eine Rebellion vorzubereiten - war Widerstand
- In Ghettos sich unter einstürzenden Mauern bei einem äusserst hoffnungslosen Aufstand zu erheben - war Widerstand«

Und Biermann fügt die Beobachtung von Wladyslaw Szpilman hinzu, der mit eigenen Augen erlebte, wie Janus Korczak seine Waisenkinder mit Gesang und Musik zum Umschlagplatz des Zuges nach Treblinka führte: »Auch dies war eine Form des Widerstandes«.

- Ich fahre fort. Die Vorgeschichte, die ein Anstoss war für den Kern dieser Ansprache vom 20. Juli 2000 ist von Bedeutung. Ich möchte auf sie eingehen, weil sie aufdeckt, dass die Verschweigungsgeschichte, die ich vorhin erwähnte, hier nicht anfänglich deutscherseits aufgerissen worden ist. Minister Scharping soll veranlasst worden sein! Auf seinem oder des Bundespräsidenten Rau letzten Israel-Besuch habe der Historiker Jehuda Bauer die Frage gestellt, warum deutsche Kasernen den Namen von Offizieren trügen, die in die Verbrechen des Naziregimes verstrickt gewesen seien? Zurück im Lande gab Rau diese Frage weiter, die ihn wohl angestossen haben muss. Er soll Scharping gebeten haben, doch endlich in dieser leidigen Sache etwas Klärendes zu veranlassen. Und so meinte man mit einer erstaunlichen Eile zu entdecken, dass die Rendsburger Kaserne 40 Jahre den Namen des Generalobersten Rüdel trug, der nolens volens - volens nolens 1944/45 Beisitzer im Volksgerichtshof gewesen sein sollte. Die Umbenennung wurde arrangiert, der Name von Feldwebel Anton Schmid, von Jehuda Bauer genannt, war zur Hand. Fritz Stern wurde zu einer allerdings bemerkenswerten Laudatio aufgeboten.[8] Ein Mensch wie ich, der in Yad Vashem im März 2000 die Akte Anton Schmid gelesen hatte, durfte in Rendsburg am 8. Mai 2000 nicht Zuschauer sein, weil er keine Sicherheitsbescheinigung vorweisen konnte und sich einem solchen Test des MAD (Militärischer Abschirm Dienst) auch nicht zu unterziehen bereit war. Es gibt erfreulicherweise eine informelle Information, dass weitere Kasernenumbenennungen folgen sollen. »Wir werden sehen, sagte der Blinde.«

I. Das Beispiel der Rettungstaten des Lehrers und Hauptmanns d. R. WILM HOSENFELD

In den Jahren vor dem Überfall der Wehrmacht auf Polen 1939 lebte in Warschau ein junger, hochbegabter Musiker und Komponist namens WLADYSLAW SZPILMAN. Auch sein Vater wirkte als Geiger und Orchestermusiker, seine Mutter als Klavierlehrerin. Szpilman war ein bekannter Pianist in Polen, weil er ständig in Sendungen des polnischen Rundfunks auftrat, bis diese Anstalt durch das Bombardement der deutschen Luftwaffe ihre Tätigkeit einstellen musste. Wladyslaw Szpilman hatte Anfang der dreissiger Jahre in Berlin Musik studiert. Daher sprach er fliessend deutsch. Die Familie lebte in einem Haus der Slieska-Strasse. Diese lag im Zentrum des im November 1940 eingemauerten Ghettos. Später wurde die Familie, Eltern und Geschwister in Treblinka ermordet. Wladyslaw Szpilman bewahrte seine Bekanntheit kurz vor dem Abtransport vor diesem Schicksal. Er konnte sich noch eine Zeit bis Juli 1942 im Ghetto durchschlagen. Dann gelang ihm die Flucht. Nach wechselnden Verstecken wurde er im Spätherbst 1944 in einem verlassenen Haus von einem deutschen Offizier entdeckt, als er in einer früheren Küche völlig ausgehungert nach Lebensmitteln suchte. »Von der Suche (war ich) dermassen in Anspruch genommen, dass ich die Stimme erst hörte, als sie direkt hinter mir sagte: *Was suchen Sie hier?* An den Küchenschrank gelehnt, stand ein hochgewachsener, eleganter deutscher Offizier, die Arme vor der Brust verschränkt. *Was suchen Sie hier?* wiederholte er. *Wissen Sie nicht, dass in diesem Augenblick der Stab des Festungskommando Warschau in dieses Haus einzieht?*«

In seinem Erinnerungsbuch »Das wunderbare Überleben« schilderte Wladyslaw Szpilman seine Entdeckung und Errettung wie folgt:

»Ich sank auf den Stuhl neben der Speisekammertür. Mit nachtwandlerischer Sicherheit fühlte ich plötzlich, dass mir die Kräfte fehlen würden, um dieser neuen Falle zu entrinnen. Ich sass und ächzte und starrte dumpf auf den Offizier. Erst nach einer Weile stammelte ich mühsam: *Machen Sie mit mir, was Sie wollen. Ich rühr' mich nicht mehr vom Fleck. Ich habe nicht die Absicht, Ihnen etwas zu tun!* Der Offizier zuckte die Achseln. *Was sind Sie von Beruf? Pianist.* Er musterte mich aufmerksamer, mit sichtbarem Misstrauen. Dann fiel sein Blick auf die Tür, die von der Küche in die Wohnräume führte. Ihm schien etwas eingefallen zu sein. *Würden Sie mir bitte folgen?* Wir traten ins erste Zimmer, das sicher das Speisezimmer gewesen war, und dann ins nächste, wo an der Wand ein Klavier stand. Der Offizier deutete mit der Hand auf das Instrument: *Spielen Sie etwas!* Dachte er nicht daran, dass das Klavierspiel sofort die in der Nähe befindlichen SS-Männer herbeirufen würde? Ich sah ihn fragend an und rührte mich nicht von der Stelle. Offenbar hatte er meine Befürchtungen erraten, da er beruhigend hinzufügte: *Spielen Sie ruhig! Wenn jemand kommt, verstecken Sie sich in der Speisekammer, und ich sage, dass ich gespielt habe, um das Instrument auszuprobieren.* Als ich die Finger auf die Klaviatur legte, zitterten sie. Diesmal hatte ich also zur Abwechslung mein Leben mit Klavierspiel zu erkaufen. Ich hatte zweieinhalb Jahre nicht geübt, meine Finger waren steif, mit einer dicken Schmutzschicht bedeckt, die Fingernägel ungeschnitten seit dem Brand des Hauses, in dem ich mich versteckt hielt. Dazu stand das Klavier in einem Zimmer ohne Fensterscheibe, so dass der Mechanismus vor Feuchtigkeit aufgequollen war und auf den Tastendruck widerspenstig reagierte. Ich spielte Chopins Nocturne cis-Moll. Der gläserne, klirrende Ton, den die verstimmten Saiten hervorbrachten, hallte in der leeren Wohnung und im Treppenhaus wider, flog auf die andere Strassenseite durch die Ruinen der Villa und kehrte als gedämpftes, wehmütiges Echo zurück. Als ich geendet hatte, schien die Stille noch dumpfer und gespenstischer. In einer Strasse miaute eine Katze, ein Schuss war unten vor dem Haus zu hören - rauhes deutsches Getöse. Der Offizier sah mich schweigend an. Nach einer Weile seufzte er und knurrte: *Dennoch sollten Sie nicht hierbleiben. Ich bringe Sie aus der Stadt heraus in ein Dorf. Dort sind Sie sicherer.* Ich schüttelte den Kopf. *Ich kann nicht weg von hier!* erwiderte ich mit Nachdruck. Erst jetzt schien er zu begreifen, was der eigentliche Grund dafür war, dass ich mich in den Trümmern versteckte. Er zuckte nervös zusammen. *Sie sind Jude?* fragte er. *Ja.* Er nahm die Arme herunter, die er bis dahin vor der Brust verschränkt gehalten hatte, und liess sich im Sessel neben dem Klavier nieder, als bedürfte diese Entdeckung einer längeren Überlegung. *Nun ja!* murmelte er. *In diesem Fall können Sie in der Tat nicht weg von hier.* Noch einmal schien er für längere Zeit in Gedanken versunken, dann wandte er sich mit einer neuen Frage an mich: *Wo ist Ihr Versteck? Auf dem Boden. Zeigen Sie, wie's dort aussieht.* Wir gingen die Treppe hinauf. Die Inspektion des Bodens nahm er sorgfältig und fachmännisch vor. Dabei entdeckte er, was ich bislang nicht wahrgenommen hatte: noch eine Art Stockwerk über dem Boden, etwas wie ein Hängeboden aus Brettern direkt über dem Eingang zum Boden, unter der Dachkehle - auf den ersten Blick kaum zu bemerken wegen des Halbdunkels, das auf dem Boden herrschte. Hier sollte ich mich seiner Meinung nach verstecken, und er half mir noch, in den Wohnungen eine Leiter zu suchen. Wenn ich oben auf dem Hängeboden war, sollte ich die Leiter zu mir hinaufziehen. Nachdem alles besprochen und erledigt war, fragte er mich, ob ich zu essen hätte. *Nein*, antwortete ich. Er hatte mich ja bei der Nahrungssuche überrascht. *Na ja, macht nichts*, warf er hastig hin, als schämte er sich hinterher seines Überfalls. *Ich werde Ihnen Lebensmittel bringen.* Erst jetzt wagte auch ich eine Frage. Ich konnte einfach nicht mehr länger an mich halten: *Sind Sie Deutscher?* Er errötete, und aufgebracht, als hätte ich ihm mit dieser Frage einen Schimpf angetan, schrie er fast seine Antwort heraus: *Ja! Ich bin Deutscher! Und nach all dem, was geschehen ist, schäme ich mich dafür ...* Schroff gab er mir die Hand und ging. Drei Tage vergingen, ehe er wieder erschien.«

Wer war dieser Offizier, der bei allen heimlichen Begegnungen seinem Schützling den eigenen Namen nicht verriet? Der vor dem überraschenden Zusammentreffen mit Wladyslaw Szpilman schon andere Juden sowie verfolgte Polen geschützt hatte. Er stattete sie mit falschen Papieren aus, beschäftigte sie als Arbeiter in den Sportanlagen der Wehrmacht in Warschau, für die er als Sportoffizier 1942/43 zuständig war, und entzog sie damit dem tödlichen Zugriff des Sicherheitsdienstes der SS.[9] In einem Brief,[10] inmitten der vom Warschauer Aufstand am 1. August 1944 ausgelösten erbarmungslosen Kämpfe, die durch »Führerbefehl« auch die Stadt im Zentrum völlig zerstörten, mit Tausenden von zivilen Opfern und Zehntausenden von Flüchtlingen, als vorübergehend eingesetzter I c Offizier der sogenannten »Festungskommandantur Warschau« - die umgewandelte Oberfeldkommandantur, der Wilm Hosenfeld seit 1940 angehörte - schrieb er, was ich als Vorwort voranstellen möchte. In diesem Wort leuchtet die Tiefe seines Wesens auf:

»Ich versuche jeden zu retten, der zu retten ist.«

Und das war schwer! Er war nicht allein, wie später bei der Rettung von Wladyslaw Szpilman unbeobachtet. Zu seinen Aufgaben gehörte, wenn auch nur eine kurze Zeit, die Vernehmung gefangener, polnischer Aufständischer und Zivilisten. Gewöhnlich wurden sie erschossen. Vor allem, wie ihm ein Polizeioberleutnant verriet, auf Befehl von Himmler alle Männer.[11] Wilm Hosenfeld schildert knapp, wie er einen polnischen Polizisten und vier als Meldegängerinnen gefasste junge Frauen auf die Seite schaffte und damit wohl vor der Erschiessung bewahrte.[12] Aber das war natürlich nicht alles, sondern nur ein, wenn auch ein bezeichnendes Glied in einer Kette von Handlungen, von denen sich wenigstens einige noch nachzeichnen lassen. Und nicht nur die äusseren Handlungen, sondern die Veranlassungen und vor allem der innere Prozess der Auseinandersetzung mit schockartig in seine Konstitution einschlagenden Erlebnissen im seit September 1939 besetzten Polen. Dort war Wilm Hosenfeld zunächst als Feldwebel, dann als Offizier eines Landesschützenbataillons bzw. der Wachkompanie und der Oberfeldkommandantur Warschau eingesetzt.

Das Gefangenenlager Pabjanice (nahe Lodz)

Die Kompanie von Wilm Hosenfeld wurde unvorbereitet zum Aufbau, zur Versorgung und Bewachung eines Gefangenenlagers befohlen.[13] Eigentlich war es zunächst eine Sammelstelle von Gefangenen aus der Kesselschlacht an der Bzura mit etwa 2000 polnischen Offizieren und Soldaten. Wilm Hosenfeld als Kommandant erlebte ziemlich fassungslos den Einzug des »erdigen Stromes« von Menschen im »erdfarbenen Zeug«, »in dumpfer Erdgebundenheit in die Unfreiheit«. In wenigen Tagen wurden Tausende weitere Gefangene herangetrieben, die in leeren Lagerhallen unterzubringen waren. Die vorbeiziehenden Trupps ausgehungerter, erschöpfter Polen in zerlumpten Uniformen erweckten in ihm keine stolzen Siegergefühle. Er entdeckte in den Augen und an den sich hinschleppenden Gestalten den polnischen Menschen in Elend, aber auch in seiner Würde. Nicht nur die Wilm Hosenfeld eigene Kommunikationsgabe erwachte, sondern der tatkräftige Wille, in diesem Chaos mit helfender Ordnungskraft das Weiterleben aufzubauen. Nach und nach gelang es, eine wenn auch schmale Verköstigung zu organisieren, das riesige Hygieneproblem zu lösen, die

Verwundeten zu versorgen, die Namen und Zahlen zu registrieren, Gottesdienste und gemeinsames Choralsingen zuzulassen,[14] Gespräche zu führen, einen Sportplatz einzurichten, das Lager auch mit Hilfe von volksdeutschen polnischen Soldaten, die beider Sprachen mächtig sind, in Abteilungen einzuteilen, persönlich als deutscher Bewacher Vertrauen zu erwecken, Übersicht zu schaffen. Er bewunderte die Haltung der Offiziere und Soldaten und verglich sie mit der Rohheit deutscher Soldaten gegenüber Polen und Juden.

Während einer Radfahrt auf einem Feldweg ausserhalb des Lagers sprach Wilm Hosenfeld eine Frau an: Wohin sie wolle? Sie gab gut deutsch sprechend an, schwanger zu sein, ihren verwundeten Mann im Lager zu suchen. Sie griff zu der List einer Behauptung, sie seien Volksdeutsche.[15] Sie bat den Feldwebel, ihn frei zu bekommen. Wilm Hosenfeld notierte den Namen: Stanislaw Cieciora und stellte der Frau die Freilassung ihres Mannes in drei Tagen in Aussicht. Er ermittelte den Mann tatsächlich und liess ihn frei. Mit dieser Familie ergab sich 1943/44 in Warschau erneut eine rettende Verbindung. Der vom Sicherheitsdienst der SS verfolgte Bruder Anton von Stanislaw Cieciora, ein Priester, wurde im Jahre 1944 von Wilm Hosenfeld als Sportoffizier mit falschen Papieren auf den Namen »Cichocki« versorgt und mit Beschäftigung gedeckt und versteckt. Er überlebte und blieb ein wichtiger Zeuge, der sich gleich nach 1945, wenn auch vergeblich, schriftlichen Eingaben zufolge, um die Freilassung von Wilm Hosenfeld aus der russischen Gefangenschaft bemühte. Noch ein drittes Mitglied der Familie Cieciora rettete Wilm Hosenfeld vor der Erschiessung, den Schwager Kroschel. Nachdem polnische Untergrundkämpfer deutsche Soldaten erschossen hatten, nahm ein SS-Kommando wahllos Männer des Stadtviertels als Geiseln. Auf einen Lastwagen verfrachtet wurden sie zum Erschiessungsplatz gefahren. Dieser Lastwagen kreuzte zufällig den Fussweg von Wilm Hosenfeld, der den zu ihm hin winkenden Kroschel in dem Haufen entdeckte. Wilm Hosenfeld stoppte den Fahrer und rief dem SS-Führer zu: »Ich brauche einen Mann!« - musterte den Haufen, zeigte auf Kroschel. Dieser konnte aussteigen und von Wilm Hosenfeld mitgenommen werden. Bemerkenswert ist hier wieder, wie bei der Feldwegbegegnung mit Frau Cieciora, der Zufall des Zusammentreffens und die geistesgegenwärtige Spontaneität des Zugriffs. Auch bei der späteren Rettung von Wladyslaw Szpilman sind entscheidend Zufall und Spontaneität mit im Spiel.

Verschiedentlich kamen Frauen und Mütter tagsüber an das Tor des Gefangenenlagers und baten um ein Wiedersehen.[16] In einigen Fällen gab Wilm Hosenfeld Gefangenen auf eigene Verantwortung hin, obwohl dies eigentlich durch Befehl gesperrt war, die Freiheit der Heimkehr zu ihren Familien. In Wilm Hosenfeld erwachte die Achtung, ja die Liebe zu diesen in Sprache und Sitten so andersartigen Menschen. Er erfühlte in der Tiefe des Menschseins eine Zusammengehörigkeit. Er träumte von einem neuen Polen und einem in der Zukunft gemeinsamen Weg mit Deutschland.[17] Um so nachhaltiger trafen und rührten ihn bis zur völligen Verzweiflung nachfolgende Erlebnisse des Herbstes 1939 auf. Durch sie wurde er der Wahrheit der Vernichtungsaktionen inne, die das polnische Volk demütigten und zerbrachen, die zu Minderwertigen Erklärten ausmerzten, die jüdische Bevölkerung auslöschen sollten.

Der Schock von Wegrow

Dort, östlich von Warschau, war die Landesschützeneinheit nach Pabjanice stationiert. Ein tief und lange nachwirkendes Erlebnis, das sich dort ereignete, hat Wilm Hosenfeld, auch erst nach über zwei Jahren, seinem ältesten Sohn Helmut erzählt.[18] Dieser berichtet: »Die deutsche Verwaltung hatte in Wegrow dort früher der polnischen Armee gehörige Heuvorräte beschlagnahmt. An einem kalten Tage kam mein Vater zufällig dazu, wie ein SS-Mann einen Schuljungen abführte. Der Junge war dabei erwischt worden, als er in einer Scheune von dem requirierten Heu - vermutlich nur einen Arm voll - gestohlen hatte. Offensichtlich sollte das Kind als Strafe und zur Abschreckung für dieses Vergehen erschossen werden.« Wilm Hosenfeld - so berichtete er dem Sohn später - »stürzte sich weinend auf den SS-Mann und schrie ihn an: Sie können doch das Kind nicht umbringen! Der SS-Mann zog seine Pistole, richtete sie auf meinen Vater und sagte drohend: *Wenn du nicht sofort verschwindest, legen wir dich auch um!* Dies Erlebnis konnte mein Vater lange nicht verwinden«.

Der Schock der Verhaftungswelle von Polen

Im Anschluss an die Lagerkommandantur in Pabjanice wurde Wilm Hosenfeld im November 1939 Zeuge, wie SS polnische Intellektuelle verhafteten.[19] Er erlebte die völlige Verzweiflung einer der Frauen eines unschuldig Verhafteten. Er konnte als unbeteiligter Beobachter auch bei dieser Szene, in die er geraten war, allein weder eingreifen noch helfen. Es verschlug ihm die Sprache. Er vermochte schliesslich der Frau Prut nur noch mit einem Gebet Worte zuzusprechen, durch die er in seiner eigenen Ohnmacht sich in ihre Nähe zu stellen versuchte. In den Stunden darauf ergriff ihn völlige Verzweiflung über die deutsche Besatzungspolitik, sprich: Vernichtungspolitik. Er möchte den Soldatenrock, den er bisher gerne getragen hatte, ausziehen und zerreissen. Was eine solche Äusserung aussagt; nämlich wie tief dieses Erlebnis - und das nachfolgende am Bahnhof von Sokolow im Dezember 1939 - Wilm Hosenfeld aufgewühlt hatte, wird deutlich, wenn man zum Vergleich ein Schreiben vom Oktober 1939 heranzieht.[20] Da hiess es noch, bei ihm sei eine gewisse Gleichgültigkeit gegen alle früheren Tätigkeiten eingetreten. Er lebe ganz seinen jetzigen Aufgaben, um so mehr, als ihm die soldatische Haltung im Blute liege und ihn die Tätigkeit als verantwortlicher Führer von Männern befriedige. Es sei ihm geradezu eine Unbegreiflichkeit, wie wenig er sich zu den Aufgaben als Lehrer hingezogen fühle.

Gleichwohl lässt sich sagen, dass Wilm Hosenfeld keinesfalls ein Militarist war, aber auch kein Antimilitarist, kein Pazifist im eigentlichen Sinne, wohl aber bei aller patriotischen Pflichtgesinnung ein *Herzenspazifist*. Dieser Herzenspazifismus durchdrang infolge solcher Erlebnisschocks zunehmend seinen Geist und schlug sich in einem nunmehr täuschungsresistenten Beurteilungsvermögen nieder.

Der Schock von Sokolow

Wilm Hosenfeld geriet während einer Fahrt nahe von Wegrow am 14. Dezember 1939 auf den Bahnhof von Sokolow.[21] Ein Personenzug mit angehängten Viehwaggons unter SS-Bewachung zog seine Aufmerksamkeit an. Die Waggons waren - so stellte sich schnell heraus - übervoll besetzt mit aus dem Warthegau ausgewiesenen, schon halbverhungerten, halbverdursteten polnischen Menschen. Vielfach waren es Bauern. Sie mussten ihre Wohnstätten und Gehöfte für Umsiedler frei machen, sogenannte Volksdeutsche aus Galizien und Wolhynien. Der Vorgang ist in der historischen Forschung heute gründlich bekannt. Viele behinderte alte Menschen und besonders auch Kinder erregten mit der ihnen widerfahrenden brutalen Behandlung Wilm Hosenfelds Anteilnahme. Er traf andere Soldaten, Eisenbahner, Offiziere, die auch voller Empörung waren. Einer sagte: »Man schämt sich, ein Deutscher zu sein«. Hosenfeld fuhr ein zweites Mal hin am nächsten Tage, nahm Brot, Käse, Wurst mit, soviel er beschaffen konnte und verteilte diese Lebensmittel unter die Kinder. Hie und da war ein Gespräch möglich. So erfuhr er, was in Wahrheit vorging. Letzten Endes machte er wieder die traurige Erfahrung der *Ohnmacht*. Wilm Hosenfeld erkannte die Lage und schrieb: »Das Unglück schneidet mir ins Herz. So sieht diese Umsiedlung aus, von der man so grosse Töne redet. Im Bahnhofsgebäude drängen sich die Menschen, sie suchen Schutz vor der Kälte. Ein grosser, hagerer Mann mit einer schwarzen Pelzmütze auf dem feinen Kopf, schaut mich mit ernsten Augen an. Er muss in mir auch so einen Unmenschen sehen oder meint er, dass ich ein gutes Herz habe? Ich hätte gern mit ihm geredet, aber ich scheue mich, ihn anzusprechen. Er ist einer von der Intelligenz, die man ausrotten will. Vielleicht ist er ein Geistlicher. Die Frauen umringen mich und fragen, ob sie zu ihren Verwandten reisen dürfen in die Gegend von Sandomierz bei Lublin. Ja, wenn ich das wüsste. Ja, sie dürfen hingehen, wo sie wollen, aber sie können sich keine Fahrkarte kaufen. Man hat ihnen das Geld gestohlen, einfach geraubt, weggenommen. Sie haben nichts mehr. Sie haben auch nichts mehr zu essen. Die Polizei ist gekommen und hat sie aus ihren Wohnungen herausgetrieben, in zehn Minuten mussten sie das Haus verlassen, alles dalassen, nur das Notdürftigste haben sie zusammengerafft, aber die Kinder, die Kinder.

Wenn ich an euch, meine lieben Kinder daheim, denke, dann steigt es mir heiss in der Seele hoch, und ich möchte sie alle diese Unglücklichen trösten und sie um Verzeihung bitten, dass die Deutschen so mit ihnen sind. So ruchlos, unbarmherzig, so grausam, so unmenschlich. Warum reisst man diese Menschen aus ihren Behausungen, wenn man nicht weiss, wo man sie unterbringen soll. Einen Tag lang stehen sie in der Kälte, sitzen auf ihren Bündels, ihren kärglichen Habseligkeiten, man gibt ihnen nichts zu essen.

Da liegt System drin, man will diese Menschen krank, elend, hilflos machen, sie sollen umkommen. Was der Krieg verschont hat, will man so umbringen, auf diese ruchlose Weise. Woher ist dieser teuflische Plan, wer kann so mit Menschen umgehen? Für uns fordern wir Gerechtigkeit, und man redet davon, dass unsere Lebensrechte in Gefahr waren. Dass wir bedroht waren von Engländern, von Tschechen, Polen. Und hier stösst man Millionen Menschen ins Elend. Sind wir die Barbaren, die wir genannt werden in den Zeitungen aller Welt? Nun, wir sind es nicht. Es sind nur diese gegenwärtigen Machthaber, das deutsche Volk in seiner Gesamtheit ist unschuldig, es weiss nichts davon. Unser gutes deutsches Volk wird sich empören und schämen, wenn man ihm solche Gesinnung zumutete. Und ist doch hintergangen worden. Und doch sind wir alle schuld? Nein, wir sind alle betrogen und belogen und hintergangen worden.

Eine tiefe Traurigkeit legt sich mir in die Seele. Ich steige in das Auto und fahre durch die ängstlich auseinanderstiebenden Menschen hindurch. Sie zerren ihre Bündel von der Strasse und warten weiter, und morgen wird der Platz leer sein.«[21]

Diese Traurigkeit wird Wilm Hosenfeld nicht mehr verlassen. Sie nicht mehr auszuhalten, sie etwa durch Wegsehen und Weghören auf sich beruhen zu lassen, ist eine der Quellen seines nun nachzuverfolgenden Nachdenkens, seines Grübelns über die politische und militärische Lage, über die Behandlung der polnischen Menschen und die Judenmorde, von denen Wilm Hosenfeld immer mehr Kenntnis gewann. Sie nicht zu ertragen, liess ihn spontan da ausbrechen, wo er - von Hilfesuchenden angesprochen - seine Freiheit des Helfens und Rettens wahrnimmt. Wo er - unbekümmert auch in Uniform - Verbindung zu polnischen Familien aufnahm und an ihren Festen mitfeierte.[22] Er erfuhr sicher viel Schreckliches, da er die Sprache lernte, wo er katholische Gottesdienste besuchte und in der Gemeinschaft der Heiligen während der Eucharistie unter dem leidenden Volk niederkniete. In dieser Achtung vor und mitten unter den geschlagenen Menschen bezeugte Wilm Hosenfeld, dass keineswegs ein deutscher Soldat, der sicher auch viele Blicke des Hasses auf sich gezogen hat, das Gute: Gottes Christusliebe zu den Menschen vergessen muss. Sein tiefster Glaube befiehlt ihm das Gegenteil: Wachsamkeit des Herzens. Und sei es auch mit einfachen Gebärden der Hochachtung und Wertschätzung,[23] weil ein Mehr an Tat nicht möglich ist.

Warum schildere ich diese Erlebnisse Wilm Hosenfeld's aus seinen ersten vier Monaten in Polen? Bei ihnen ist es in den folgenden Jahren nicht geblieben. Da das Gute und mehr noch das Böse in der Gesinnung und ihren Denkweisen anliegt und sich uns erzeigt, wenn wir empfinden, entscheiden, handeln, darum sind auch solche solidarischen Bezeugungen Wilm Hosenfeld's ein Aufbruch aus den Vernebelungen und Lügengespinsten propagandistischer Beeinflussungen. Sie sind ein Ausbruch aus dem geistigen Eingesperrtsein in den militärischen Gefolgschaftsraum unbedingter Unterwerfung unter befohlener Pflicht und Gehorsam. Solche Schockerlebnisse rütteln den wach, der nicht nur wegsieht und weitergeht, als sei nichts geschehen - zumindest nichts, was ihn angehe. Sie reissen ihm in der Seele auf, was in der Verkehrung des Bösen zum nur zweckbestimmten Guten, und damit am wahren Guten zugeschüttet ist. Wilm Hosenfeld, der Lehrer mit dem wohlwollenden Gutblick auf Kinder und Menschen, mit seiner arglosen Zuwendungsfähigkeit, mit seiner kommunikativen Herzensgüte, die sich unter der Uniform nicht taub und stumm machen lässt, erwacht an diesen aufrüttelnden Erlebnissen mit der Widerstandskraft seiner im Grunde unkomplizierten, schlichten Humanität. Wie er diese, mit seiner ganzen Existenz zugewandt hörend den Menschen, die an ihn herantreten, öffnen kann, macht denen deutlich: Er will nicht ein herrschender Fremder sein, sondern ein Gleicher unter Gleichen. Er bekennt, wie gerne jeder geneigt ist, einem anderen die Schuld in die Schuhe zu schieben und sie nicht bei sich selbst zu suchen, ob im Verkehr untereinander, ob in der Politik. Gott liesse das Böse nur geschehen, weil die Menschen es sich selbst zuzuschreiben hätten, wenn sie nun die plagende Last ihrer eigenen Bosheiten zu spüren bekämen. »So müssen wir zum bitteren Ende wieder weiterschreiten, alles Unheil und Unglück, alle Verbrechen, die wir begangen haben, muss unser gesamtes Volk büssen, all die vielen Unschuldigen müssen geopfert werden, um die Blutschuld, die wir auf uns geladen haben abzutragen. Das ist ein unabänderliches Gesetz im Kleinen und im Grossen.«[24] Dazu zählte er auch den Verrat von Freiheit, Demokratie, freier Meinungsäusserung.[25] Er durchschaute die innere Unwahrhaftigkeit, die die gesamte Regierungsweise der Nationalsozialisten kennzeichnet.[26] Er fühlte sich also auch als deutscher Offizier nicht besser, er wusste zutiefst um seine eigenen Schwächen, seine Fehlsamkeit, sein Versagen. Als bei einem Essen ein aufschneiderischer deutscher Naziverwalter des Ghettos von der Ausrottung der Juden prahlte, und Wilm Hosenfeld vermutlich in beredtem Schweigen zugehört hatte, schrieb er: »Warum schweigt man und protestiert nicht? Wir sind alle feige und bequem, zu falsch und verrottet, darum müssen wir auch alle den Sturz ins Verhängnis mitmachen.«[27] Nicht er schrieb dies nur von sich. Eigentlich schrieb da eine die Wahrheit anrufende *Ohnmacht* die Wilm Hosenfeld umtreibende Frage: »Warum lässt Gott diesen schrecklichen Krieg mit den furchtbaren Menschenopfern zu?« Seine Antwort: »Dies ist keine Frage an Gott, sondern an uns. Wir sind es, die versagen! Wir alle sind mitschuldig. Uns alle, unser ganzes Volk, wird eine furchtbare Vergeltung und Rache treffen.« Oder: »Was sind wir Feiglinge, dass wir, die besser sein wollen, das alles geschehen lassen. Darum werden wir auch mitgestraft werden, auch unsere unschuldigen Kinder wird es treffen, denn wir machen uns mitschuldig, indem wir die Frefel zulassen.«[28]

Es kann nicht unerwähnt bleiben, dass nach einem zufälligen nächtlichen Treffen auf der Brücke nach Praga, wo ihn ein Mann ansprach, Wilm Hosenfeld mit dessen

Familie in eine nähere Verbindung kam. Der Mann, Wenzel von Schoene, war einmal russischer Rittmeister. Die Frau dieses Mannes, eine Frau von Schoene, führte ihr Haus mit gesellschaftlichem Verkehr, und zwar nach der polnischen wie nach der deutschen Seite hin. Wilm Hosenfeld machte sie mit seinem Kommandeur, Oberstleutnant von Hohenau, den er sehr schätzte, bekannt. Aber auch ein Dr. Stabenow mit seiner Braut, Gräfin Lasotzki zählten zu ihren Gästen. Stabenow war Angehöriger des Sicherheitsdienstes der SS.[29] Frau von Schoene versteckte als ihre Haushaltshilfe ungerührt ein jüdisches Mädchen. Deren Bruder, Leon Warm, gelang die Flucht aus einem fahrenden Zug nach Treblinka. Er flüchtete sich zu seiner Schwester. Und Wilm Hosenfeld nahm, von ihr angesprochen, den jungen Mann als Arbeiter unter falschen Namen mit in seine Sportanlage, war er doch seit November 1941 der Sportoffizier der Warschauer Garnison.[30] Leon Warm und seine Schwester überlebten. Leon Warm wanderte dann über Frankfurt nach Australien aus. Vorher noch, 1950, besuchte er in Thalau/Rhön Frau Hosenfeld. Damals lebte Wilm Hosenfeld immer noch in russischer Gefangenschaft. Durch Leon Warm erfuhr die Familie vielleicht zum ersten Mal wieder und vor allem genauer von den Rettungstaten, über die er, sicher auch um niemanden zu gefährden, nie etwas geschrieben hatte.[31]

Im Juni 1943, nachdem der letzte Rest der jüdischen Einwohner des Warschauer Ghettos ausgetilgt war, musste sich Wilm Hosenfeld einen SS-Sturmführer - bei welcher Gelegenheit, berichtet er nicht - anhören, der damit prahlte, wie man die aus den brennenden Häusern stürzenden Juden zusammengeknallt hätte: »Das ganze Ghetto ist eine Brandruine, so wollen wir den Krieg gewinnen, diese Bestien. Mit diesem entsetzlichen Judenmassenmord haben wir den Krieg verloren, eine unaustilgbare Schande, immer einen unauslöslichen Fluch haben wir auf uns gebracht. Wir verdienen keine Gnade, wir sind alle mitschuldig. Ich schäme mich, in die Stadt zu gehen, jeder Pole hat das Recht vor unser einem auszuspucken, täglich werden deutsche Soldaten erschossen. Es wird noch schlimmer kommen und wir haben kein Recht, uns darüber zu beschweren, wir haben's nicht anders verdient, jeden Tag wird es mir unheimlicher zu Mute.«[32] Zu ihm kam ein junger Mann, der in einem Lazarett arbeitete und dessen Vater Wilm Hosenfeld von der Heimat her kannte. Er erzählte ihm grauenhafte Einzelheiten von Judenmorden, von Verladungen nach Treblinka, wo Juden verbrannt würden.[33] Dieser Notiz lässt sich viel entnehmen vom Informationsstand und dem daraus resultierenden seelischen Druck, unter dem Wilm Hosenfeld stand. Er sah ungeschminkt die Folgen dieses Wütens alles menschenmögliche Böse, das *gnadenlose Vergessen* des Guten mit seiner Loslösung von jeden natürlichen und inneren Bindungen.

Wilm Hosenfeld's Anklagen richten sich vor allem gegen eine verlogene, verbrecherische, dumme, zu jeder Täuschungsniedertracht fähige Führung. Er denkt hier durchaus auch in den Zügen der katholischen Staats- und Soziallehre, mit dem Recht des Widerstehens gegenüber den Regierenden und Gewalttätigen, wenn diese in ihren Gesinnungen und Befehlen entarten, mit ihrer Pflicht zum bonum commune Schindluder treiben und über alles dies noch protzen und prahlen.[34]

Schon im November 1939 erschütterte Wilm Hosenfeld seelisch eine teilweise mit seinen Soldaten angehörte »Führerrede«, aus der er - entgegen seiner früheren Auffassung - heraushörte, dass: »der Führer den Krieg will. Die Aussicht auf Frieden entschwindet immer mehr, das Unheil nimmt seinen Fortgang. Von dem Leid, das andere Menschen trifft, wird man von den eigenen Wünschen und Hoffnungen ganz weggezogen. Eine tiefe Bitterkeit und Qual senkt sich mir ins Herz«.[35] Auch weil die Verhaftungswelle keineswegs Vergeltung sei, sondern Ausrottung der Intelligenz nach dem Vorbild der Russen. Im Dezember 1939 hörte er mit Kameraden englische Nachrichtensendungen ab,[36] mutmasslich auch später. Dabei war Wilm Hosenfeld durchaus ein Sinn für das Opfer eigen. Hier durchwirkte die christliche Opfertheologie schon seit dem 1. Weltkrieg seine Gläubigkeit.[37] An den Sohn schrieb er im November 1939, er solle sich die Bereitschaft zum Opfer erhalten, sie mache den Menschen gross. Wilm Hosenfeld wollte kein Drückeberger sein, sondern seinen Mann stehen. Der Anteil, welchen der Einzelne am Staat habe, gäbe ihm höchste Ehre, sie sei männliches Glück. In den gleichen Tagen, unter dem Eindruck seiner Beobachtungen der Verhaftungswelle von Polen, brach der Widerruf aus ihm heraus, dass er, der gerne Soldat gewesen sei, nun aber den grauen Rock in Fetzen reissen möchte. Hier riss die Ambivalenz auf, die ihn in den folgenden fünf Jahren in Polen quälte, die seine kritische Nachdenklichkeit anstachelte. Es lässt sich dem Tagebuch an nicht wenigen Stellen entnehmen, dass unter den Offizieren der Oberfeldkommandantur und der Wachkompanie keineswegs nur nationalsozialistisch ergebene Diskussionen stattfanden. Im Mai 1940 verband ihn mit einem anderen Reserveoffizier namens Eile nicht nur dessen Sinn für Natur.[38] Wilm Hosenfeld führte ihn am Abend vor dessen Versetzung, die er sehr bedauerte, durch Warschau und auch durch das Judenviertel, aus dem später das »Ghetto« werden sollte. In der Art, wie dieser Offizierskamerad die Lage der Juden beurteilte, erkannte Wilm Hosenfeld, wie gut sie sich verstehen würden. Und das meinte er gerade auch politisch, war doch Wilm Hosenfeld zu dieser Zeit längst hellwach geworden. Im Sommer 1940 führte Wilm Hosenfeld ernste Gespräche mit dem zufällig für einige Nächte auf seiner Stube einquartierten jungen Oberleutnant von Ketelhort, einem Ritterkreuzträger.[39] Zunehmend klärte sich das Bild des Grauens durch Informationen aus Katholischen Polnischen Gemeinden, aber auch von an ihn herantretenden deutschen Soldaten, die ihr Entsetzen los werden mussten, was sich in Wahrheit im Generalgouvernement, in Weissrussland, in der Ukraine, und vor allem in den Konzentrationslagern abspielte.

Eine Reise im August/September 1940 als Begleitoffizier eines Filmemachers (Regisseur G. Ucicky) verschaffte ihm durch Augenschein und Gespräche weiteren Überblick über die tatsächlichen Zustände. Schon 1941/42 verfügte er über exakte Berichte der Vorgänge in den Vernichtungslagern Treblinka, Belzec, Auschwitz. Ein Sonderführer offenbarte ihm die Greuel in Treblinka bis in alle Einzelheiten.[40] In seinem Tagebuch finden sich Wiedergaben der ihm geschilderten Foltermethoden, zum Beispiel der sogenannten Bogerschaukel, von der die deutsche Öffentlichkeit erst im Auschwitzprozess 1963-65 erfahren hat, wenn sie es denn zur Kenntnis nehmen wollte.[41] Anfang Oktober 1942 reiste Wilm Hosenfeld mit seinem Kommandeur, Oberstleutnant von Hohenau, und dessen Adjutanten im Auto nach Minsk. Beim Mittagessen in einem dortigen Offizierskasino entfachte sich eine scharfe Diskussion über die Judenvernichtung. Der dortige Oberadjutant, ein Oberleutnant Hasse befürwortete die Ausrottung der Juden. Fünf andere Offiziere schwiegen. Sie wollten sich offenbar nicht gefährden, oder waren urteilslos, oder stimmten hinter ihrem Schweigen zu. Wilm Hosenfeld, von Hohenau und der Adjutant gaben sich mit ihren Ansichten, sprich ihrem Entsetzen, wenn nicht ihrer Empörung, preis. Zum Glück erfolgte keine Denunziation wegen Wehrkraftzersetzung. Aber dieser Vorfall, nachdem Wilm Hosenfeld sich fühlte, als hätte er sich nackt ausgezogen, sowie andere Bemerkungen von ihm über seinen Kommandeur von Hohenau, geben Anlass zu der Annahme, dass dieser die Einstellung von Wilm Hosenfeld schon länger kannte und mutmasslich von seinen Rettungen zumindest etwas ahnte, wenn nicht wusste. Kommandeur von Hohenau war also auf jeden Fall ein fairer *Deckungsvorgesetzter.*[42]

Wilm Hosenfeld hatte auch Untergebene, die ihn deckten. Solche *Deckungsuntergebene* waren in seiner

Sportarena und seinem Büro beschäftigt. Bekannt sind die treuen Unteroffiziere und Sportlehrer Pfeiffer und Siebel. Sie mussten gewusst haben, dass Wilm Hosenfeld zum Beispiel den jungen Juden Leon Warm unter dem gefälschten Namen »Warczynski« dort unterbrachte. Denn eines Tages erschien im Eingang zum Büro an der Wand eine Inschrift: »Jude Leon Warczynski«.[43] Ein polnischer Kollaborateur könnte diese Denunziation versucht haben. Sie war hoch gefährlich für Wilm Hosenfeld und natürlich auch für Leon Warm (und andere). Aber geheimnisvoller Weise geschah ihnen nichts.

Eine sicherlich ungewöhnliche Handlung von Wilm Hosenfeld soll nicht unerwähnt bleiben. Als der von ihm versteckte Geistliche Anton Cierocki (Cieciora) 1944 seinen 10-jährigen Gedenktag der Priesterweihe feierte, heimlich, wie es anders nicht möglich gewesen wäre, nahm Wilm Hosenfeld in Uniform um 5.00 Uhr morgens als Ministrant im Keller einer Kirche an der Messfeier teil.[44] –

Im Dezember 1943 geriet ein ganz zerschlagener Mensch als Ersatzmann für einen abgelösten Gefreiten Klein in Wilm Hosenfeld's Nähe und Schutzraum. Es war der Kommunist Karl Hörle aus Hanau, der eine jahrelange KZ-Haft mit grauenhaften Folterungen durchlitten hatte. Wilm Hosenfeld beschäftigte ihn deckend in seinem Büro. Und von Karl Hörle bekam er eine Fülle von glaubwürdigen Nachrichten über die Zustände in den KZ in Deutschland. Karl Hörle überlebte den Krieg und versuchte später über seine persönlichen Beziehungen zur Sowjetzonen-Verwaltung, allerdings vergeblich, Wilm Hosenfeld in Russland zu finden und frei zu bekommen. Er nahm auch im Dezember 1945 Verbindung zur Familie seines Beschützers auf und unterrichtete sie über Wilm Hosenfeld's Wirken.[45]

Wer war dieser Mensch Wilm Hosenfeld?

Zunächst fällt das tief religiöse Bekenntnis von Wilm Hosenfeld auf. Was für ein Mensch war er, der so ungewöhnlich die Worte aus dem Glaubensbekenntnis von der Gemeinschaft der Heiligen und der Vergebung der Sünden in der Uniform der Mörder - so sahen es viele Polen und Juden - lebte und bezeugte? Der noch drei Monate vor dem Krieg, als er mit seinem Thalauer SA-Trupp in Kassel zur Absperrung bei einem - dann nicht stattgefundenen - »Führerbesuch« befohlen wurde, notierte: »wenn ich so unter den Kameraden bin, dann bin ich im Grunde ganz einsam. Ich staune oft darüber, wie die meisten Menschen bei einem Krug Bier und dgl. als Individuum aufhören und zum geselligen Wesen werden können. Um so beglückender ist das Bewusstsein, dass daheim in der Familie der Platz ist, der auf mich wartet, *der ruhende Pol in der Erscheinung Flucht*. Aber man muss immer wieder herauskommen, um zu begreifen, was dieser eine kleine Kreis wert ist. Wer nicht fortgeht, kehrt nicht heim, heisst ein Sprichwort«.[46]

Die Erinnerung an Wilm Hosenfeld blieb lange auf wenige Menschen ausserhalb seiner Familie beschränkt. Gewiss: Wladyslaw Szpilman veröffentlichte die erste, die polnische Fassung seines Buches »Tod einer Stadt« bereits im Jahr 1946. Aber die Zensur verbot ihm, den Namen seines Retters zu nennen, und auch darüber zu berichten, dass es ein deutscher Offizier war. Er hatte statt dessen zu schreiben: ein österreichischer Offizier. Das Buch wurde alsbald aus dem Verkehr gezogen. Zeitungen wie Tribuna Ludu und Le Matin veröffentlichten Jahre später kurze Berichte. Im Jahr 1998 schliesslich erschien das Buch unter dem Titel »Das wunderbare Überleben« in deutscher Übersetzung mit Auszügen aus dem Tagebuch von Wilm Hosenfeld und mit einem Essay von Wolf Biermann. Wladyslaw Szpilman war längst ein auch in Deutschland bekannter Komponist und Kammermusiker geworden.

Wichtig ist die Tatsache, dass die Familie durch den erwähnten Besuch von Leon Warm,[47] später aber - um 1958 - durch einen Besuch von Wladyslaw Szpilman Kenntnisse von dem erhielt, die ihr bis dahin verborgen geblieben waren. Auch die Familie Cieciora liess sich zu Annemarie Hosenfeld schon bald nach dem Kriege vernehmen. Aber die Frage, wer dieser Mensch Wilm Hosenfeld war, erschliesst sich, nachdem Annemarie Hosenfeld am 18. Juni 1971 gestorben war, eigentlich erst mit dem Fund einer Kiste auf dem Hausboden einer der Töchter im Jahre 1998, in die Annemarie Hosenfeld alle noch vorhandenen Briefe, Notizhefte und Tagebücher gepackt hatte. Diese Zeugnisse waren in Vergessenheit geraten, zumal die anderen Geschwister angenommen hatten, ihre Mutter habe die Briefe wegen ihres sehr persönlichen Inhaltes vor ihrem Tode vernichtet.[48] Die Kiste enthielt etwa 600 Briefe an Annemarie Hosenfeld, 208 Briefe an die Kinder, Postkarten aus der Gefangenschaft 1946-52, die Tagebücher aus den Jahren 1942-44, die Notizbücher von 1936-38 und von 1940/41/43, Schriftsätze aus der Zeit zwischen den Kriegen 1918 und 1939, Tagebücher und Notizen 1916/17, seitenlange Schilderungen von Erlebnissen im Herbst/Winter 1939/40 und etwa 521 Briefe von Annemarie Hosenfeld an ihren Mann 1939-44. Letztere hatte Wilm Hosenfeld in einer Mappe gesammelt, die er einmal in einem Brief ein »Buch der Liebe« nannte[49], indem er, wenn er sich einsam fühlte, immer wieder las. In der Tat, eine unverbrüchliche Liebe und eine auch durch Konflikte reifende Bindung liess diese zwei Menschen ständig miteinander brieflich kommunizieren und erzählen, was sie erlebten, was sie aushalten mussten, wonach sie sich sehnten, wovon sie träumten, wie sie Menschen und Lagen beurteilten. Wie sie sich selber erkannten und nicht zuletzt, wie und warum sie an die Liebe Gottes in Jesus Christus glaubten und sich, vor allem Wilm Hosenfeld, zur katholischen Kirche bekannten, wenn auch mit einem fortschrittlichen Christentum. Der Kirche warf er im Kriege einmal schon ihr Schweigen vor.

Hauptmann Wilm Hosenfeld hatte die von ihm gesammelten Briefe seiner Frau und Kinder sowie vor allem seine Tagebücher und Notizbücher im Herbst 1944 mit der Feldpost nach Hause geschickt. Es bleibt rätselhaft, dass diese Sendung und auch der jahrelange Briefwechsel nie der Zensur aufgefallen sind. Wenige Notizen hätten genügt, etwa in den Tagebüchern 1942-44, um Wilm Hosenfeld wegen *Wehrkraftzersetzung* und *Kriegsverrat* in das tödliche Räderwerk der Militärjustiz geraten zu lassen.

Nachhaltige Prägungen, durch die seine späteren im Krieg so wichtigen Einstellungen verstehbar werden, geschahen ihm im Elternhaus. Wilm Hosenfeld's Eltern lebten streng katholisch. Schon der Vater war Lehrer. Die Geschwisterschar war gross. Wilm Hosenfeld wuchs als siebter unter neun Kindern auf. Die Erziehung und Lebensführung war liebevoll, aber im materiellen bescheiden, sparsam und streng. In der Führung seiner eigenen Lehrerausbildung wurde Pestalozzi ihm zum nachhaltigen Vorbild. Aber in Wilm Hosenfeld wirkte geradezu von Natur eine grosse und durch nichts zu irritierende Kinderliebe. Was Krieg bedeutet, lernte er 1914-18 an drei Kriegsschauplätzen kennen: Flandern, Russland, Rumänien. Die dritte schwere Verwundung hätte ihm fast ein Bein gekostet. Ein weiterer tiefer Einfluss war gewiss die Wandervogelbewegung schon vor 1914, die auch erklärt, warum er sich kriegsfreiwillig meldete, um 1918 als Vizefeldwebel und Offiziersanwärter auszuscheiden. Er zitierte in einem Brief ein Gedicht von Nietzsche aus »Zarathustra«, der Bibel dieser Bewegung.[50] Wilm Hosenfeld wurde durchaus in einer national-patriotischen Gesinnung schuldiger Pflicht zum Vaterland erzogen. Und zur Verantwortung für die ihm anbefohlenen Kinder, für seine Familie, für die ihm unterstellten Soldaten. Diese Einstellung liess ihn 1939 gutgläubig ins Feld ziehen[51] und auch später jeden Gedanken an eine Desertion verwerfen, selbst dann, als ihm 1944/45 polnische Freunde anboten, die Uniform wegzuwerfen und sich von ihnen bis Kriegsende verstecken zu lassen.

In der Wandervogelbewegung lernte er als junger Lehrer *Annemarie Krummacher* kennen. Sie heirateten 1920. Annemarie Krummacher stammte aus der bekannten Worpsweder Malerfamilie gleichen Namens. Sie war Pazifistin. Sie hatte als 16 bis 20-jährige bewusst Schrecken und Leid des ersten Weltkrieges von der Heimat aus miterlebt. Einer ihrer Freunde, ein junger Maler, fiel 1916 an der Westfront. Sie verkehrte im Hause des als Kriegsgegner bekannten Malers Heinrich Vogeler. Schon bald nach Hitler's Machtergreifung 1933 quälte sie immer wieder die schlimme Ahnung, Hitler würde Deutschland in einen Krieg hineinziehen und sie könnte ihren Mann und ihre Söhne verlieren. Bei abendlichen Familiengesprächen hörten die Kinder öfters den Namen von Berta von Suttner und den Titel ihres Buches: »Die Waffen nieder«. Verstärkt wurden ihre Ängste, als sie auf dem Nürnberger Reichstag 1938 eine Wehrmachtvorführung mit anschliessender Parade ansehen musste.[52] Unzweifelhaft hat eben dieses pazifistische Gedankengut auch seinen Einfluss auf Wilm Hosenfeld genommen. Als der älteste Sohn im August 1941 in Erfurt mit seiner Kompanie an die Ostfront verladen wurde - Vater Wilm Hosenfeld war zufällig auf Urlaub und in Uniform dabei - steckte die Mutter dem Sohn inmitten seiner Kameraden eine Rose in den Gewehrlauf und sagte zu ihm: »Helmut, mit diesem Gewehr wirst du niemals auf Menschen schiessen!«[48] Annemarie Hosenfeld, die Frau und Mutter, hat tief gelitten unter dem Krieg, unter der Trennung von Mann und Söhnen. Die Familie war auch für Wilm Hosenfeld in aller seelischen und leiblichen Not eine nie versiegende Quelle seines Lebenswillens und vor allem seiner Hoffnungen auf Heimkehr, auf Frieden, auf Liebe und Heimat.

Der Geist der Familie Krummacher lässt sich auch aus folgendem ablesen: Ein sehr viel jüngerer Bruder studierte in Heidelberg Medizin. Er war anfangs begeistert von der Nazibewegung, fand dann aber alsbald zur Klarheit und Umkehr. Seine Distanz kam nicht zuletzt wohl auch dadurch, dass er eine Tochter aus dem Hause des wegen seiner Juden freundlichen und beschützenden Haltung bekannten Dekans Hermann Maas zur Frau nahm, nachdem er Kinderarzt geworden war. Bei seinen Besuchen vor 1939 pflegte er zu sagen: »Hitler ist der Teufel«.[53] Dekan Hermann Maas war der erste Deutsche, der 1950 vom Staat Israel zu einem Besuch eingeladen wurde.[54]

Der dichte Briefwechsel bezeugt eine innige Liebe dieser nicht nur durch den Krieg auseinander gerissenen Menschen, sondern zusätzlich nach 1945 eine siebeneinhalbjährige qualvolle sowjetische Gefangenschaft. Sie endete ohne das ersehnte Wiedersehen in Freiheit. Wilm Hosenfeld starb am 13. August 1952 in einem Kriegsgefangenenlager bei Stalingrad. Die Briefe von Annemarie Hosenfeld werden noch erschlossen. Vieles von ihnen lässt sich aus den Antworten Wilm Hosenfeld's erspüren. In einer bedankte er sich für ein von der Frau ihm gesandtes Gedicht. Wer es zu lesen und hinter die Zeilen zu hören vermag, wird fühlen, was für ein Wesen sie ineinander band.[55] Auch der Brief vom 15.12.1941 bezeugte es:

Mein Wilm!

.... Allerliebster, nimm mich in Deine Arme und wir wollen vergessen, was so bitter und schwer auf uns lastet! ... Wir brauchen uns doch so nötig. Du musst mich doch auch haben, ich schenke Dir mein Herz und jede Stunde bei Tag und Nacht geht ein Strom der Liebe von mir zu Dir, von Dir zu mir, es mag kommen, was da will, ich lasse Dich nie, wir sind einander Glück, wir sind einander Trost! - Nun will ich Dir doch Helmuts Brief schicken. Da bist Du eine Weile froh? Oh, Du Lieber, es geht unsrem Jungen gut, das ist das Allerwichtigste.

Heute Abend läuteten die Glocken den Abschied ein! Uns läuteten sie nur Freude! Morgen müssen sie fort. - Sie läuteten zu unserer vier Kinder Kommunion! Sie läuteten den beiden Kleinen zur Taufe. - Und wenn schon, lieber keine Glocken, dass sie zum Trauergeläute läuten für einen Gefallenen aus unserem Dorf!

Detlevs Lehrer, Assessor Hildebrecht ist gefallen!

Was für ein unfassbares Elend geht durch die Welt. - Ein Weinen und Schluchzen, das Gott erbarmen müsste. - Gibt es denn keinen Menschen, der aufstehen möchte und diesen verblendeten Menschen diese Not zeigt! Haben sie denn alle kein Herz mehr! Kann diese Welt niemals beherrscht werden von Liebe, von Verstehen, von Güte und Vertrauen zueinander! Wie gern wollen wir alle Opfer bringen, Entbehrungen auf uns nehmen, damit der Bruder neben uns auch den Frieden hat. Wer hat uns den Hass gelehrt gegen andere, die wir gar nicht kennen?

Was nützen alle Überlegungen, nur nicht verbittert zu werden. Man kann uns alles, alles nehmen, niemals aber den Instinkt für Recht und Unrecht und das die Liebe doch die grösste Macht ist! ...

Gott behüte Dich, lieber lieber Wilm!

Deine Annemarie.

So konnte Wilm Hosenfeld besonders auch Frauen und Müttern mit Kindern, die alles Leid tragen, ihre Bitten nicht abschlagen. Er war bei allen schweren Kriegserfahrungen schon 1914/18 eben kein vermännlichter Offiziersmann nach dem Schleifer- und Exerziermotto: »Gelobt sei, was uns hart macht«. Wilm Hosenfeld konnte oft nicht anders als im Angesicht begegnenden Elends weinen,[56] ob ein Kamerad und Lehrer bei ihm Trost suchte, der in Berlin durch Bombenangriff seine Frau, drei Kinder und Eltern verloren hatte, ob er in Wegrow dem SS-Mann weinend entgegensprang, um ihm das Kind zu entreissen, das dieser offenkundig zu erschiessen trachtete.

Das von seiner Frau ihm gesandte Gedicht, Dichter oder Dichterin unbekannt, lautet:

»Alle Gedanken, die Du nicht sagst,
weiss ich von Dir.
Alle Deine Schmerzen, die Du nicht klagst,
weinen in mir.

Ersehnte Worte, die schmerzlich versäumt,
Dein scheuer Mund
sind wie die Wünsche,
die kaum Du geträumt,
mir seltsam kund.

Du lebst mit solcher Liebe in mir:
Willst Du Dich sehen,
musst Du den weiten Weg zu Dir
durch meine Seele gehen.«

Sie sind ihn gegangen, haben sich ihn gehen lassen, diesen weiten Weg gegenseitig durch ihre Seelen. Andere wurden mitgenommen: Kinder, Geschwister, Freunde, Anvertraute und Befohlene. Und auch Tote ...[57]

Dieser Mann vertraute seinem Tagebuch an, wie er nach einem Kontrollrundgang der Wachen im Warschauer Zentrum zu nächtlicher Stunde vor dem polnischen Grabmal des Unbekannten Soldaten in ehrender Stellung den »toten Feind wie einen Bruder grüsst«.[58] Oder er beschrieb den ergreifenden Besuch eines Lazarettes, vor allem des benachbarten Soldatenfriedhofes, zwischen dessen Gräbern er voll Gedanken und Gebet wandelte.[59]

In der letzten Tagebucheintragung wird der Besuch des im Warschauer Aufstand verwüsteten Palais Brühl geschildert.[60] Wilm Hosenfeld stiess angewidert auf den SS-Standartenführer Oskar Dirlewanger[61] und notierte einen Schlüsselsatz seines eigenen Charakters: »Wenn wir die Menschen nehmen, wie sie sind, so machen wir sie schlechter. Wenn wir sie behandeln, als wären sie, was sie sein sollten, so bringen wir sie dahin, wohin sie zu bringen sind.« Es handelt sich um ein Zitat nach Goethe, angelehnt an ein Wort des heiligen Augustinus: »Wir müssen unseren Nächsten lieben, entweder weil er gut ist, oder damit er gut werde«. Dies ist die Maxime eines begnadeten Lehrers, der sich damit, auch in Offiziersuniform, im schweren Herbst und Winter 1944/45 als Kompaniechef treu zu bleiben versucht. Der das Gut der Nächstenachtung nicht vergass. Und den seine pädagogische Leidenschaft sich nicht nur 1942/43 als Sportoffizier in Warschau betätigen liess, der Sportveranstaltungen und Wettkämpfe organisierte. Wilm Hosenfeld rief dort eine Bildungsanstalt ins Leben: »Wehrmachtskurse zur Berufsförderung«. Schon der erste Lehrgang fand mit über 500 Teilnehmern und 20 Lehrern statt. Darüber hinaus wurde er zu Hochschulkursen 1943 gerufen. Aber in seiner Notiz vom 11. August 1944 ist auch zu lesen: »Das ist der Bankrott unserer Ostpolitik und mit der Zerstörung in Warschau setzen wir dieser Politik ein Abschlussdenkmal.«

Dabei verschwieg Wilm Hosenfeld nicht, an Abenden und in Nächten nach innen gekehrt, die schmerzliche, Kräfte verzehrende Ambivalenz der Treue: Einerseits zur Pflicht sorgfältiger Wahrnehmung übertragener soldatischer Verantwortung und andererseits zu herzenswarmer Humanität inmitten des Reglements militärischen Umfeldes. Dazu gehörten auch die gedankenlosen, flachen Redensarten von anderen Offizieren. Bezeichnend ist, wie Wilm Hosenfeld selbst sich in sein argloses, unbekümmertes Zutrauen, mit dem er Menschen gegenüber trat, beeinflussen lassen konnte. Wie irrig, allerdings auch uninformiert er seine Zeitgeschichte beurteilte, freilich nur bis zum schrecklichen Erwachen nach dem Herbst 1939 in den verschiedenen Kommandostellen. Das Unrecht von Versailles z. B. oder die Dolchstosslegende, die er nicht durchschaute, liess ihn den Anfangserfolgen Adolf Hitlers zustimmen. Er vertraute dessen Friedenswillen und Versicherungen noch im August/September 1939.[62] Hier machte sich auch der durch Dorfleben und

Propaganda eingeschränkte politische Aufmerksamkeitshorizont bemerkbar. 1933/34 trat er in die NSDAP und dann in die SA ein, ohne sich deswegen als Lehrer in seinen Auffassungen gleichschalten zu lassen. Im Gegenteil! Bald galt er als unzuverlässig und oppositionell und geriet mit der Naziobrigkeit in Konflikt. Im Jahre 1937 entzog ihm der Landrat die Lehrbefugnis im Fortbildungsunterricht der Berufsschule für Jugendliche. Aber seine national-patriotische Einstellung wie auch die informatorische Abgeschiedenheit seines Rhöndorfes, in dem es allerdings auch einige dem katholischen Geistlichen nahestehende Bauern gab, die dem Nationalsozialismus gegenüber kritisch eingestellt waren, führten noch nicht dazu, die tatsächlichen politischen und ideologischen Fehlentwicklungen zu durchschauen. Um so erschütternder und auch umkehrender war für sein aufrichtig gebliebenes Wahrheitsempfinden die Beobachtung der Greuel in Polen. Sie lösten das Suchen nach einer Antwort, nach Rettung und Heilung aus, auch mit der schweren Frage: Wo war Gott, als dies alles geschah ...? - Es gibt kein Menschsein ohne nicht auch praktizierendes Gutsein. Dies ist ein Grundwissen des Geistes, der Wilm Hosenfeld nicht verliess. Das Wüten des Bösen, das er erlebte und aushalten musste, sprich das Vergessen alles von Gott gewährten Guten, aller Achtungsfähigkeit und Güteschenkung, erkannte Wilm Hosenfeld in der Tatsache, dass die hörigen Menschen, die das taten, was in Polen geschah, sich von Gott abgewendet haben. Und damit werde alles zusammenstürzen. Jeder - er nahm sich da nicht aus - wird in den Untergang mitgerissen. »In der Vernichtung des ... Habens der Schuld liegt das Geheimnis des Bösen, aber auch das Böse dient zur Verherrlichung der Schuld!«[63] Das göttliche Geschenk, dass die Menschen gut sein sollten und könnten, bliebe nicht ungestraft mit Füssen getreten. Und sein »gesamtes Volk muss es büssen«.[64] »Wenn einer auch nicht an einen Himmel glauben will, dann muss er aber an eine Hölle glauben, wo diese Unholde ewig gestraft werden können, denn einer irdischen Gerechtigkeit suchen die dann durch Selbstmord zu entgehen, aber der Gerechtigkeit Gottes entgehen sie nicht. Es muss eine ewige Vergeltung sein, sonst wäre Gottes Sein und Weisheit Stümperei.«[65] Ein solches Ahnden liest sich im Tagebuch und in den Briefen wie eine Vorwegnahme der späteren Kollektivschulddebatte,[66] der moralischen, der politischen, der metaphysischen Schuld, auch da, wo es keine strafrechtliche gab, nicht zuletzt auch seines persönlichen Gefangenschaftsmartyriums in Sowjetrussland. Die Ambivalenz, die ihn selbst hin und her riss, wollte er nicht billig durch Verdrängung und Vergessen auflösen, die Verkehrung von Gut- und Bösesein nicht wegbefehlen. Im Gegenteil: In Wilm Hosenfeld flüsterte, betete und handelte das Gewissen als ein Wissen von dem, was einem Menschen, sei er Deutscher, Pole, Jude, Zigeuner, ein böses Leid antun ist; und ein Gutes zu tun auch um Gottes Willen geschuldet bleibt, unerlässlich als eine Bemühung der in diesem Krieg verhöhnten, geschundenen Menschenliebe. Sie war für Wilm Hosenfeld höchstes Gut. »Der Mensch scheint verurteilt, mehr das Böse als das Gute zu tun. Das grösste Ideal auf Erden ist die Menschenliebe.«[67]

Aber zu einer Widerstand stiftenden Anstrengung gehörte für Wilm Hosenfeld nicht nur eine Tat, wie seine bekannt gewordenen Rettungen sie bezeugen. Er glaubte an die transzendenten Kräfte seines Fürbitten- und Schutzgebetes. Das Rosenkranzgebet richtete ihn aus Erschöpfungen wieder auf, ermunterte seinen Geist zur Wahrheit. Er schloss in seine Gebete alle ihm Befohlenen ein: Frau, Kinder, Gefangene, Sterbende, Leidende, seine Untergebenen und auch sein irregeführtes Volk. In der Reinheit seines Motivs der offenherzigen, hörenden Zuwendung liess er sich trotz seiner Vorgesetztenpflichten nicht beirren, nicht allein durch ihm geschenkte natürliche Gaben, nein gerade auch durch seines Herzens vertrauende Gottesliebe in Jesus Christus. Freundliches

Zugewandtsein waren seine persönlichen Antworten auf die Katastrophe der Humanität, die er wahrnahm, die er durchlitt, die seine Widerstandskräfte weckten, so anfällig er wegen seiner natürlichen Gutgläubigkeit anfangs auf Propagandalügen und ideologische Klischees auch gewesen war. Vor einer sich selbst treulos werdenden Vereinnahmung wusste er sich zu schützen. Denn er entdeckte in jedem Menschen, der ihm begegnete, das Gute und sein potentielles Guttun.[68] Nichts konnte ihm dies vergessen machen. Aus dieser Quelle speiste sich daher auch: »Jeden zu retten, der zu retten ist.«

Als er selber aus qualvoller Gefangenschaft nach Rettung Ausschau hielt und völlig unschuldig von einem sowjetischen Kriegsgericht in Minsk 1950 zu 25 Jahren Haft verurteilt wurde,[69] obwohl er nie in der Sowjetunion eingesetzt war, da blieb ihm versagt, was er Anderen, ohne sich zu schonen und als sei es eigentlich selbstverständlich, verschaffte. So schrieb er einmal im Mai 1949, nach über vier Jahren Gefangenschaft:

> »Du Mensch bist wie eine Glocke, die nur klingt, wenn der eherne Klöppel mit hartem Schlag sie trifft. So schlägt dich Gottes Hand im Leid, deines Herzens Wohllaut zu prüfen und deiner Seele Schönheit den Freunden kundzutun.«

Rettung – eine Form von Widerstand.

War Wilm Hosenfeld im Widerstand? Diese Frage stellt sich nicht nur, weil das Wort »Widerstand« in seinen nachgelassenen Schriften nicht vorkommt. Es finden sich auch keine Hinweise, dass er von dem sogenannten militärischen Widerstand und seinen Vorbereitungen, die auf den 20. Juli 1944 hin sich zuspitzten, irgendwelche Vorinformationen hatte. Im Tagebuch stehen nach dem 17. Juli und bis zum 8. August 1944, eine Woche nach dem Ausbruch des Warschauer Aufstandes, keine Eintragungen. War das Vorsicht? Übrigens benannte er die polnischen

Aufständischen dann als »Freiheitskämpfer«.[70] Er beobachtete und bewunderte, wie sie nach der Kapitulation in die Gefangenschaft abmarschierten, in »stolzer Haltung, unter Absingen patriotischer Lieder, zehnjährige Knaben trugen stolz ihre Käppis, sie hatten als Melder Dienst getan, und es war ihnen eine Ehre, mit den Männern in die Gefangenschaft zu marschieren. Hinter jedem Zug von etwa 60 Mann kamen die jungen Mädchen und Frauen. Das war ein neues Bild. Sie sangen patriotische Lieder ... diese Geschlagenen werden eine neue Welt aufbauen ...«

Noch andere Worte sind mir aufgefallen, so das von der Ohnmacht oder das vom Schweigen, nicht zu reden davon, wie oft das Böse[71] beschrieben wird. Es fällt auch auf, dass Wilm Hosenfeld die Verstrickung, ja Beteiligung von Wehrmachtsverbänden in Polen in Verbrechen gegen die Bevölkerung schon 1939-41 offenbar nicht erkennen konnte oder nicht sehen wollte.[72] In einem Brief stellte er die von ihm bewunderte Haltung der gefangenen polnischen Offiziere allerdings den »Rohheiten unserer eigenen Soldaten« gegenüber ... In seinen ersten Empörungsanfällen im Herbst 1939 äusserte er: »Wir sollen den Schild halten, hinter der diese Verbrechen an der Menschheit geschehen können? Die Wehrmacht ist nicht schuld, sie billigt das alles nicht, aber wir stehen machtlos daneben und müssen mit zusehen.«[73] Nur einmal, viel später, schrieb er von Verbrechen der Wehrmacht ohne irgendeinen differenzierenden Bezug auf bestimmte Untaten, die ihm aber mutmasslich doch zu Ohren gekommen sind.

Wenn Wilm Hosenfeld sich im engeren Sinne nicht als im Widerstand stehend begriff - und eben dies Phänomen finden wir auch bei anderen Rettern; nämlich des organisierten Kampfes mit Waffen um Recht, um Schutz, um Freiheit, so war er doch widerständig. Damit ist zu fragen, ob es in der Sache des Widerstandes nur um den Erfolg eines Kampfes mit Waffen geht? Denn andere Formen der Widerständigkeit sind im Zweifel sogar wirkungsvoller. Denken wir nur flüchtig an Streiks, Generalstreiks, Blockaden oder Boykotte, freilich Widerstandsformen, die zwischen 1933 und 1945 in Deutschland kaum möglich waren, sieht man von der Verweigerung gegenüber den Anordnungen des Militärs oder der Zivilverwaltungen ab, die vor allem die jüdische Bevölkerung, auch später in Ghettos oder Konzentrationslagern, oft erfolgreich übte. Im Widerstand geht es allererst und allerletzt nicht sogleich um eine theoriegenährte, planbare, organisierte Veränderungswirkung mit sinnidentischen Handlungsfolgen. Das mag mitfolgend eingeschlossen sein und primär angestrebt bleiben, je nach Lage der Dinge und Umstände und was diese überhaupt an Aktivitäten gestatten, samt der aufbietbaren individuellen und gesellschaftlich-gemeinschaftlichen Kräfte. Es geht auch nicht bedingt um den Preis. Er kann hoch, ja äusserst sein im Opfer, seine Wirkung jedoch gering, später nicht einmal historisch fassbar. Im Widerstand der Widerständigen lässt sich das sittlich Gute und Gebotene um seiner selbst willen nicht unterdrücken, zu dem auch der moralische Folgenwert gehört. Schon Platon ging es in seiner Unterscheidung der drei Arten des Guten um die schönste Art eines Guten: Was wir sowohl um seiner selbst willen lieben als auch »wegen des sich daraus Ergebenden«.[74] Ich füge hier hinzu, dass es als Existenz gewahrt bleibt in der Reinheit des Motivs, unabhängig davon wie es dann durch die Umstände, denen es unausweichlich ausgesetzt ist, verfremdet, ja verunreinigt und zwiespältig wird. Es gibt mit Sicherheit an und zwischen allen Fronten menschlicher gewalttätiger Konflikte eine beständige und unanfechtbare Humanität: Helfen und Retten bedrohtes, leidendes Leben!

Natürlich schliesst das sittlich Gute nicht aus, dass sogar bestimmte Interessen oder traditionalistische und religiöse Sinnvorgaben Widerstand motivieren. Dass sich solche Sinnvorgaben und solche realen Interessen, von ideologischen Elementen unterbaut und angeregt, mischen mit dem sittlich Guten einer moralischen Empörung, ist normal. Sie wird deswegen widerständig handeln, weil sie zum Handeln anregt und also der Empörte dann handeln will, weil - in Worten von Kant - »überall nichts in der Welt ist, ja auch ausserhalb derselben zu denken möglich, was ohne Einschränkung für gut könnte gehalten werden, als allein ein guter Wille«.[75] Aber neben dem guten Willen gibt es auch, wie Anton Schmid aus Wilna vor der Erschiessung am 13. April 1942 an seine Frau schrieb, »das weiche Herz«: »Ich musste, was ich nicht wollte, die Versprengtensammelstelle übernehmen, wo 140 Juden arbeiteten. Die baten mich, ich soll sie von hier wegbringen ... Da liess ich mich überreden. Du weisst ja, wie mir ist mit meinem weichen Herz. Ich konnte nicht denken, und half ihnen ...«[76]

Es ist keineswegs die schlechteste, vielleicht die häufigste Form der Widerständigkeit im zivilen und im militärischen Widerstand gewesen, dass sich ein Interesse und ein sittlich Gutes mischten und mit wechselnden Gewichtungen anzutreffen sind. Ein Beispiel hierfür wäre der Speditionschef Harry W. Hamacher, der 1940/41 - über den Hauptmann Panhorst von der »Abwehr« und den Major Schulze-Bernett von der »Abwehrstelle DEN HAAG« - die Judenrettungsaktion »Unternehmen Aquilar« initiierte.[77] In anderen Fällen lässt sich ein Ineinander von bösen, menschheitswidrigen Auffassungen und Handlungen mit dem Beachten und Schützen in der Nächstenfremde des Krieges entdecken. Die eine Hand mordet, die andere danach rettet. Die rechte Hand unterschreibt verbrecherische Befehle, die linke stützt den - militärische Widerstandsplanungen ausdenkenden - Kopf. Das festzustellen, meint und bestätigt die - nicht nur als Möglichkeit - bekannte Ambivalenz der Persönlichkeit bis hin zu der extremen Spannung: Mörder und Retter zugleich. Nur demjenigen, der Jahre und Jahrzehnte später unter anderen nicht vergleichbaren Umständen lebt, kann es Anlass zur Anklage werden. Sie verfällt dann leicht in ein Verwischen von Verstehen durch den, der nicht wagt, auf sich und in sich selber zu schauen. Die Infamie dieses Verwischens zersetzt jede Redlichkeit. Zu ihr gehört auch die folgende Beachtung. Bei der Würdigung von Rettern sollte man nicht in eine Verklärung verfallen, gegen die sich ein Wilm Hosenfeld und viele andere ausdrücklich verwahrten. »Wir waren keine Helden.« [78] Sie zu ehren, verlangt keineswegs, dem naheliegenden Sinn des edlen Wortes *Retter* unkritisch zu folgen und etwa die Meinung zu hegen, dass das tatsächliche, wagemutige Handeln immer nur und in allen Fällen von einem rein humanitären Motiv angetrieben gewesen sei, also ausschliesslich von diesem und nicht auch komplementär von selbstbezogenen Motiven der Opportunität, der Nützlichkeit, des Hanges zum Abenteuer, sogar eines ökonomischen Interesses. Auch ein Retter aus Güte, Mitleid und Erbarmen verkörpert, obwohl er Etwas von diesem vorbildlich bezeugt, nicht das Humanum an sich, das Gute an sich. Menschen, die so versuchten zu sein, werden leicht zu Fanatikern. Sie bewirken das Gegenteil von einem heilsamen Sinn, der sich in einer Rettungstat, - und habe sie auch nur e i n e m Menschen gegolten, - bezeugt: Die Bewahrung einer sittlichen Kraft, die dem widerstrebt, was ihr an zerstörerischem Bösen anbefohlen wird. Und die stattdessen aus den Reibungen der Ambivalenz guter wie übler Motive, wie sie auch in ihrer Mischung jedem Menschen eigen sind, die Tat des Helfens zündet, auf die ein Elender, ein Flüchtling, ein Verfolgter wartet, die er erfleht, um die er verzweifelt bittet und hoffend betet. Da ein Retter, um handlungsfähig zu sein und um selber dabei zu überleben, schutzbedürftig bleibt, muss er klug, wenn nicht listig täuschend, im Zweifel mit Lüge und Verstellung vorgehen um jenes Guten willen, das in seinem sittlichen Bewusstsein als Humanum noch existiert und daher ansprechbar ist. Diese Ansprechbarkeit zur Tat unterscheidet es vor allem auch von dem Zuschauer böser Vorgänge, dem Bystander, dessen sittliches Bewusstsein, wenn nicht schon von Angst und Feigheit überwältigt, in eine Art Taubstummheit verfallen und damit für Helfen und Retten erloschen ist.

Nach Meinung von Raul Hilberg gelten nur Aufstand und bewaffneter Widerstand als tatsächlicher Widerstand, während Israel Gutman, der Nestor der jüdischen Widerstandsforschung, einen hiervon erweiterten Widerstandsbegriff formuliert und erforscht hat.[79] Arno Lustiger hat den Begriff des *Rettungswiderstandes* vorgeschlagen. Er ist durchaus zutreffend für die Einstellung eines Wilm Hosenfeld, aber auch vieler anderer »Retter in Uniform«. Auf deutscher Seite unterschied schon Karl Jaspers in seiner Wiederantrittsvorlesung 1945/46 zwischen Widerstand und Opposition.[80] Zum Widerstand zählte er denjenigen, der bereit (gewesen) sei, sein Leben einzusetzen und zu opfern. Anlass zu dieser scharfen Abgrenzung war seine Beobachtung, wie unkontrolliert in der Verdeckung der Schuldfrage nach 1945 der Widerstandsbegriff nicht nur erweitert wurde, sondern sich in die Lüge hinein ausfranste. Schrieb doch auch Hannah Arendt später nach einem Deutschlandbesuch, dass sie überhaupt keine Nazis antreffe. Alle seien im Widerstand gewesen.

Wir kennen heute einen erweiterten Widerstandsbegriff, der Qualitäten der moralischen und existentiellen Widerständigkeit nennt und differenziert historisch nachzuweisen sich bemüht. Schon Adorno sagte: »Wer denkt, setzt Widerstand.«[81] Ich selber schrieb vor 35 Jahren einmal: »Denken allein ist heutzutage bereits Verrat«[82] – und dieser Verrat war aus Freiheit notwendig positiv verstanden. Im Flugblatt »Generalmobilmachung der Gemeinschaft für Frieden und Aufbau« vom April 1944, einer jüdischen Widerstandsgruppe um Werner Scharff, heisst es im 3. Absatz: »Wir rufen zum passiven Widerstand auf!! Wir verlangen von Dir nichts anderes, als dass Du denken sollst, rede nicht sinnlos nach, was Dir von der Regierung oder einzelnen Parteigenossen vorerzählt wird. Du verlängerst damit den Krieg und trägst somit die Schuld am Elend unseres Volkes.«[83] Solches Denken verlangte auch Wilm Hosenfeld von sich. Seine Tagebücher und Notizbücher, seine Briefe an die Frau beweisen es nachhaltig. Und die Last der Schuld zerquälte ihm fast den Sinn des Lebens, wenn Frau und Kinderfamilie nicht gewesen wären.

Viele Biografien von Helfern und Rettern aus den Reihen der Wehrmacht 1933-45 zeigen in der situationsbedingten Spontaneität ihrer sittlichen Impulse zum Rettungshandeln, zum Antworten auf Notrufe, dass »Widerstandsfähigkeit nicht aus kritischem Habitus folgt« - wie Herman Lübbe es einmal beschrieb -, »sondern aus vorweg vollzogener Identifikation mit dem, was, wenn es angegriffen wird, als verteidigungswert erfahren werden kann«.[84] Für Wilm Hosenfeld waren vor allem die Notrufe der Kinder und Frauen, aber auch der Männer, die er mitfühlend hörte und die von der Humanität seiner Vernunft und einer nicht zum Schweigen gebrachten inneren Stimme beantwortet wurden, verteidigungswert. In den Frauen und Kindern sah er zudem seine Frau und seine Kinder, auch seine Volksschulkinder. Sie waren allein schon nach der Lukanischen Regel, die er nicht vergessen hatte, sich nicht hatte vergessen machen lassen, verteidigungswert. In diesem Sinne also zählt auch ein Wilm Hosenfeld (ebenso wie andere Helfer in Uniform) zum Widerstand, mit einer Widerstandskraft jeweils zur rechten Zeit. Sie war denen versagt, die aus welchen Gründen jetzt auch immer im Unterschied zu diesen Wenigen nach 1945 in die »bundesrepublikanisch konfektionierte Rolle des nachträglichen Widerstandskämpfers«[85] schlüpften. Es war nicht nur eine friedensbewegte Protestrolle der Opposition gegen Wiederbewaffnung, Atomrüstung usw. Diese Rolle spielte nach 1945 eine Hochform des Vergessens, um den Wiederaufstiegserfolg politisch, wirtschaftlich und beruflich selbstbedeckt abzusichern. Es war oft eine unwahrhaftige Schlupflochtarnung aus der Kollektivschulddiskussion, deren bittere Fragen schon Wilm Hosenfeld in verzweifelte Stimmungen und Einschätzungen, in seherische Voraussagen trieben: »Mit diesem entsetzlichen Judenmassenmord haben wir den Krieg verloren, eine unaustilgbare Schande, immer einen unauslöslichen Fluch haben wir auf uns gebracht. Wir verdienen keine Gnade, wir sind alle mitschuldig.«[86]

Dazu gehört der an ihn selber gerichtete Zweifel: Warum habe ich immer wieder auch untätig geduldet und geschwiegen? Eine Frage, die andere Retter sich gleichfalls gestellt haben, die sie quälte, wenn sie überlebten und die das, was sie an Rettungen vermocht hatten, ob kleine oder grosse Zahlen, für nicht der Rede wert hielten, darüber in der Öffentlichkeit Mitteilung zu geben. Sie wollten sich auch nicht selber ins Licht stellen. Bekannt wurden sie zumeist durch die Geretteten, die ihrer Retter gedachten, sie oft in jahrelanger Sucharbeit aufspürten und Verbindung mit ihnen aufnahmen, in Zeitungen Berichte veröffentlichten und in Yad Vashem Beschreibungen und Zeugnisse hinterlegten.

In solchen Fragen bohrt es aus der Tiefe; nämlich die jedes Menschen unauflösliche Verklammerung in ein Bösesein und ein Gutsein. Es sind diese im Gewissen kreisenden Fragen, die die Versuchungen zum Vergessen aufreissen und nicht selten umkehren. Jedoch dürfen solche Fragen nicht zu Anklagen gegen andere werden, die – wie auch bisweilen Historiker – von aussen her an jene Situationen und Vorfälle herantreten, in denen Rettung geboten gewesen wäre, aber sie auszuführen versagt blieb. Es mag aufschlussreich sein, alle die Motive und Umstände herauszufiltern, warum Verfolgte und Todgeweihte nicht gerettet werden konnten. Oder warum es andererseits gelingen konnte. Aber die Frage, was hätte ich denn bei gleichem Vorfall und seinen Umständen getan, bleibt genau genommen unbeantwortbar. Ich selbst kann nur dankbar dafür sein, dass ich während des Krieges nie in eine solche Situation geraten bin, wo der potentielle Mörder in mir zuschlug. Und wo mich einmal im Partisanenkampf in einem erstürmten Haus eine unsichtbare Hand zurückhielt, die verängstigten Bewohner niederzuschiessen.

Auch Wilm Hosenfeld schleppte das Gefühl einer Mitschuld in seiner offenherzigen, undogmatischen Wesensart spätestens seit dem Schockerlebnis auf dem Bahnhof von Sokolow mit sich herum; dieses schreckliche: Ich kann ihnen nicht helfen, nicht beistehen, ich muss weggehen, weiterfahren. Er litt darunter, was ihm aus erkennbaren und auch aus unerkennbaren Bedingungen verwehrt war zu tun. Ausserdem war er bei allem Mut von einer gewissen Gefährdungsumsicht geprägt, also nicht leichtsinnig bereit, aus seiner *Ohnmacht* auszubrechen, am Ende mit nur der einen Wirkung, dass er niemanden gerettet und sich selber sinnlos hingeopfert hätte. Das sittliche Gute der Widerstandsfähigkeit ist nicht nur eine Gutheit in sich. In seiner Folge sollte auch ein Gutes an Wirkung gewahrt bleiben. So kannte er eben in bestimmten Situationen gegenüber Gefahr das *Schweigen* als die letzte *Macht der Ohnmacht.* Aber es war von ihm nicht das Schweigen gemeint, von dem der Spruch über dem Eingang der Warschauer Oberfeldkommandantur faselte: »Arbeiten, Schweigen, Gehorchen«.[87]

Auf ein anderes Wesen von Schweigen macht Wilm Hosenfeld's Beschreibung der Minsker Offizierscasino-Diskussion über die Judenvernichtung aufmerksam.[88] Was war das für ein Schweigen der anwesenden anderen fünf Offiziere? Ein Schweigen der sichernden Abdeckung? Oder ein Schweigen der Zustimmung nach dem alten Motto: »Qui tacet consentire videtur«? Auf solches Schweigen - auch von Wilm Hosenfeld selber - stossen wir gegenüber den Prahlereien eines SS-Schergen von seiner Juden-Abknallerei.[89] War es ein beredtes Schweigen der Empörung? Oder gegenüber den Protzereien eines Ghettoverwalters der Ekel, die in eigene Angst umschlagenden Sprachlosigkeit? Eine Angst, die er sich selber und seinem Herrgott keineswegs verschwieg. Oder war es das

Schweigen, das in der *Ohnmacht* des »moralischen Vakuums«[90] einen Rest von eigenem Selbstbewusstsein sich bewahrt? Um in der Stille dieses Schweigens den aufrechten Stand nicht zu verlieren, den verbale, nichts fruchtende Wortauseinandersetzungen verbiegen, wenn nicht umstossen. Ein Schweigen, das die eine, die deutlichste Sprache ist, mit der wir uns im Geräusch des Wahnsinns festhalten. Ist – das sei hier ruhig einmal gefragt – auch das in bestimmten Umständen beredte Schweigen am Schattenrand von Widerstand eine unnachweisliche Widerständigkeit? Denken wir an den schweigenden Jesus vor der Staatsmacht des Römers Pilatus!

Wenn ich die Erinnerung auf dieses hohe Ereignis lenke, dann will ich damit natürlich nicht behaupten, dass Schweigen eine Grundform des Widerstandes sei. Das würde wahrscheinlich Gelächter auslösen. Aber Schweigen kann ein Brunnenquell von Kraft der Widerständigkeit sein, ehe sie sich unter herausfordernden Gelegenheiten zum tatfähigen Anstand erhebt. Von diesem Brunnenquell des Schweigens wusste Benedikt vor tausendfünfhundert Jahren, als er seiner Regel das Schweigen unterlegte mit einem Spruch Salomonis 10, Vers 19: »Wo viel Worte sind, da geht's ohne Sünde nicht ab; wer aber seine Lippen hält, der ist klug«.[91] Klug sich zu sammeln zum Kampf gegen Sünde und Laster, das forderte Benedikt. Aber wer von uns hätte nicht bei sich selber und auch historisch z.B. mit unserem 1938 bei der Reichsprogromnacht weitgehend schweigenden Volk erfahren, wie eine gewisse Klugheit des Schweigens nur raffiniert Verdeckung, Verstellung, eigensüchtige Sicherung vorhält? Wie Schweigen dann schon Abfall ist, weil in ihm ungereinigt Böses und Gutes wabern, »mit der Leugnung aller Schranken für die freie Festsetzung der Kriterien von Gut und Böse ...«[92]

Und da das sinnvolle oder unsinnige Schweigen, Verschweigen von Menschen hier angesprochen ist, sollte wieder an die schwere, unbeantwortbare Theodizee-Frage - die auch Wilm Hosenfeld sich stellte - erinnert werden: Warum schweigt Gott? Warum hat er zu Auschwitz geschwiegen und nicht eingegriffen? Nicht nur das rabbinische Gericht in Auschwitz verurteilte Gott deswegen. Hans Jonas, der Philosoph, und Wolfgang Huber, der Theologe, wagten es einst, dieses Rätsel anzugehen und seine Rätselhaftigkeit ein wenig aufzuhellen.[93]

Das Schweigen war übrigens doch eine Widerstandsform, und zwar die des kleinen Mannes, von dessen vielfältiger Widerständigkeit, Renitenz einst Generalstaatsanwalt Fritz Bauer sprach. Auch wenn er dann formulierte: »Widerstand ist im Grunde ein Kampf für die Menschenrechte«.[94] Es ging ihm nicht um die Ablösung einer Macht durch eine andere, sondern um ihre Begrenzung. Widerstand legitimiert sich in seinem Recht jedoch keineswegs durch den Erfolg eines Umsturzes, wie der BGH 1962 urteilte. Widerstand ist auch nicht immer gleich »Kampf«; denn das setzt den Spirallauf der Gewalt und Gegengewalt und Wiedergewalt in Gang. Widerstand kann auch nicht ausschliesslich politisch und ideologisch bestimmt werden. Widerstand setzt - nach meiner Erfahrung - da ein, wo Gewalten, den unbeherrschten des Unrechts, der Niedertracht, der zügellosen Zerstörung, die Leib, Seele und Geist der Menschen willfährig haben will, wo solchen Gewalttätigkeiten eine Undurchdringlichkeit, eine personale und gemeinschaftliche entgegen gestellt wird, an der die negativen Energien des kollektiven Bösen, des militärisch, ideologisch oder ökonomisch maskierten Bösen wirkungslos werden. An deren Festigkeit sie gar nicht allgemein, sondern im einzelnen und besonderen zerschellen, so sie sich nicht in ein nützlich sinnvolles Gutes umwenden lassen.

Wie eng und fixiert auf den militärischen Widerstandsbegriff deutsche Juristen urteilten, ohne Einfühlungsvermögen und daraus folgender Urteilskraft über noch andere Formen von Widerstand, beweist das Urteil des Berliner Kammergerichtes gegenüber dem Fabrikanten Franz W. Fritsch, einem zweiten Oskar Schindler. Da heisst es: »Indem er die vom Nationalsozialismus Verfolgten ihren Verfolgern entzieht, bekämpft er noch nicht den Nationalsozialismus, sondern wendet die Angriffe des Systems gegen die jüdische Rasse nur ab.«[95]

Ein Hauptmann Wilm Hosenfeld hatte mit sich und Anderen seiner militärischen, aber auch der zivilen polnischen Umgebung, in die zudem der Untergrund, der freiheitskämpferische, eingesickert war, von beiden widerstreitenden Arten des Schweigens je situationsentsprechende, ja sich ergänzende Erfahrungen. Zudem übte er ihre bewusste Anwendung. Denn gerade auch die Mischung, der wechselnd komplementäre Gebrauch ist in mörderischen Diktaturen - ich kenne jüngste Beispiele von meinen Besuchen und Freunden in Serbien - eine unverzichtbare Möglichkeit des Überlebens, um sich nicht in seiner Widerständigkeit nutzlos zu verschleissen. Zu erinnern wäre hier an das Buch von Heinz Drossel, der als Oberleutnant im Februar 1945 4 Personen einer jüdischen Familie in Berlin vor dem Zugriff der Gestapo rettete.[96] Er titelte seine Biografie »Zeit der Füchse«, und bedeutete damit, dass man in der Zeit der Nazidiktatur »mutig, listig und vorsichtig, sehr vorsichtig zu sein hatte, um dem Anpassungsdruck sich zu entziehen«. Das gerade auch solche Menschen und ihre Gruppen, besser ihre Zellen der Hoffnung, in der mystischen Mediation und Meditation einen Brunnquell an Kraftgewinnung für den Entzug aus Anpassungszwängen finden, - darauf kann ich nur kurz hinweisen. Sie zu üben dient keiner weltfremden Isolierung, sondern einer nach aussen hin weltgestaltenden Mitverantwortung zur Menschenrechtlichkeit.

Noch eine andere Haltung steht der Gefährdung der Widerstandsfähigkeit entgegen: Abstand halten können! Sich in abwartender Zurückhaltung schützen. Obwohl Wilm Hosenfeld gleichsam von Natur mit schlichter Unbekümmertheit Menschen begegnete, schrieb er wiederholt, dass er zum sogenannten Kameradenkreis anderer Offiziere Abstand hielte. In ihm habe er keine Freunde. Statt mit ihnen Abende zu verquatschen und zu versaufen, las er auf seinem Zimmer in Büchern, schrieb Briefe, feierte Andacht und Gebet, beruhigte die moralische Empörung, die sich dabei still auslebte, und stärkte so wieder seine Überlebenskraft. Dies hatte sicher auch bei Wilm Hosenfeld Gründe des Selbstschutzes, der Verwahrung vor sinnloser Selbstaufopferung. Vieles wurde da mindest vorübergehend - und auch soldatenüblich - in seelische Verschlusskammern weggesteckt. Aber das Gewissen blieb wach und fähig, sie in gebotener Stunde zu öffnen. Denn die Erniedrigungen seiner polnischen und jüdischen Umgebung in Warschau empfand er als unerträglich. Und auch als nutzlos. Nach einem Wochenschau-Film, in dem die Eroberung von Sewastopol und Tobruk gezeigt wurde, zuckte in ihm zwar noch einmal das alte Frontkämpferherz des Kriegsfreiwilligen von 1914 auf. Er notierte: »Es wird mir immer klarer, dass wir nichts leisten. Ich will näher an die Front, das Leben hier ist unwert zu leben.«[97] Er empfand die Greuel in Polen eben nicht nur als die Erniedrigungen fremder Anderer, sondern als sei er selber mit erniedrigt. Diese Miterniedrigung, die im Tagebuch mehrfach reflektiert wird, härtete aber seine Widerständigkeit und vermochte fallweise in den Freiheitsraum von Zuwendungen, von helfenden und rettenden Taten auszubrechen. Keineswegs nach Theorie und Plan, sondern aus unmittelbar anstossenden Begegnungen seiner potentiell im Gewissen geschürten Handlungsbereitschaft.

Hatte es ausserhalb der Vorstellungs-, Denk- und Glaubenswelt, der Daseins- und der metaphysischen Ordnungen eines Wilm Hosenfeld gelegen - und wie unzählbar vieler Anderer noch -, dass der Staat Initiator, Träger und Executor von Massenverbrechen sein würde durch ihm ergebene Institutionen und deren Gefolgsleute, so musste Wilm Hosenfeld eben dieser Tatsache, wenn er an einsamen Abenden sich seinem Tagebuch oder Briefen anvertraute, ins Auge blicken. Und tat es auch seit Oktober 1939 ungeschminkt! Tat es für Jene, die es nicht vermochten, und gleichsam stellvertretend für sein erblindetes Volk. Tat es im Bewusstsein seiner eigenen Ohnmacht, ein mehrfach auffallendes Wort in seinen Niederschriften. An Hand und nach schrecklichen Erlebnissen und Nachrichten musste er immer wieder akzeptieren, als *Ohnmächtiger* weiter zu leben. Seine Stabsarbeiten zu erledigen, den Wachdienst zu verrichten, die Sportorganisation zu betreuen, Unterricht zu erteilen, seine Kompanie zu kommandieren, polnische Familien- und Gemeindebesuche zu pflegen, und hie und da einen Menschen, als sei dieser gerade die ganze Welt, aus dem Chaos des Unterganges heraus zu ziehen. In solcher *Ohnmacht* kann sich in äusserster Anstrengung die Kraft des unvergessenen Guten erweisen. »Denn an (dieser) Wahrheit liegt alles. Hier liegt das Einzige, was uns in der Ohnmacht noch möglich ist. Schlimm ist die Verschleierung.«[98]

Zu solcher Verschleierung gehört(e) nicht nur die propagandistische, durch Gesetze, Verordnungen, Befehle abgestützte Herstellung der Bereitschaft zum straflosen Unrecht und damit eines individuellen und kollektiv organisierten, fehlenden Unrechtsbewusstseins. Man denke nur an den »Erlass über die Ausübung der Kriegsgerichtsbarkeit im Gebiet Barbarossa« vom 2. Mai 1941, II/1. u. ff.[99] Dazu zählt die Behauptung, die nachträgliche gleichermassen, die wir von vielen Gerichtsverfahren gegen Täter kennen: Ich hatte kein Unrechtsbewusstsein! In der »Strafsache gegen Mulka u.a ...«. 1962, wurde exemplarisch durch Generalstaatsanwalt Fritz Bauer die Verabredung des Schweigens und der Schuldverdrängung aufgerissen und der Öffentlichkeit die verschleierte Wahrheit zur Kenntnis gebracht.[100] Von den damaligen 15 Angeklagten aus der Tätergruppe von Auschwitz bekannte nur einer, Hans Stark, geb. 1921, was er tatsächlich in seinem unbedingten »Führerglauben« getan hatte. Stark war total indoktriniert gewesen, weil er schon mit 16 bis 18 Jahren auch unter dem Einfluss seines Vaters die gesamte weltanschauliche Schulung der SS durchlaufen hatte. Stark wies – meines Erachtens zutreffend, denn wie hätte sich ein Rechtsbewusstsein bilden sollen – auf das Fehlen jeglichen Unrechtsbewusstseins hin. Er sprach sein Bedauern aus über seinen Irrweg. Alle anderen älteren Angeklagten flüchteten sich in die Rolle der Unschuldigen. Oder anders gesagt: Sie konnten ihre Einsperrung in die Normalität des Vergessens des Guten und des Bösen durch ein pulsierendes Gewissen nicht aufsprengen, in dem die innere Stimme für Recht und Anstand nicht verstummt (gemacht) war. Diese immer zumindest flüsternde innere Stimme eines wachen Gewissens vernehmen wir aus den schriftlichen Hinterlassenschaften nicht nur eines Wilm Hosenfeld, sondern auch anderer Retter. Natürlich konnte ihre Klarsicht unter den Umständen, in denen sie im Kriege stationiert waren, ob an der Front oder in Besatzungsgebieten, noch nicht in das komplizierte Ursachenfeld des Vernichtungskrieges mit der Erkenntnisgenauigkeit heutigen Forschungsstandes eindringen. Sie vermochten nur Bruchstücke wahrzunehmen, waren aber dafür mit Tatfolgen und Opferbereitschaft unmittelbar angeschlagen und aufgerufen. Gegenüber der Unbegreiflichkeit des Verhängnisses, der auch Wilm Hosenfeld bei klarem, aber doch ratlosem Bewusstsein ausgesetzt war, hilft die Vergewisserung eines Wortes von Pascal: »Es gibt nicht eine Erniedrigung, die uns zum Guten unfähig macht, noch eine Heiligkeit, aus der das Böse ausgeschlossen ist«.[101]

Das bedeutet, anders gewortet und ausgelegt: Das Böse kann nicht sämtliche Dämme durchbrechen, in dem es am Ende noch vorgibt, zum »Baum des Lebens« zu greifen. Irgendwann und irgendwie steht das verletzte Heilige dagegen auf und bricht die Radikalität einer Verursachung von Chaos, bricht sie tatsächlich und nicht nur symbolisch. Von dieser Grunderfahrung kündet schon die Genesis: »Und Gott der Herr sprach: Siehe, Adam ist geworden wie unsereiner und weiss, was gut und böse ist. Nun aber, dass er nicht ausstrecke seine Hand und breche auch von dem Baum des Lebens und esse und lebe ewiglich! Da wies ihn Gott der Herr aus dem Garten Eden, dass er das Feld baute, davon er genommen ist und trieb Adam aus und lagerte vor dem Garten Eden die Cherubim mit dem blossen, hauenden Schwert zu bewahren den Weg zu dem Baum des Lebens.«[102]

Wagemut und Gestalt eines Retters, einer Retterin, – nicht nur symbolisch sondern real als Reaktion auf einen Hilferuf: Sie ist es, die sich dem drohenden Dammbruch im Chaos des Bösen entgegenstellt, wenn auch nur zu einem Zeitpunkt und nur an einem Ort. Die da aber seine Überflutung aufhält und durch die Tat des Rettens das Böse zum unvergessenen Guten umwendet.

Was heisst das, gründlicher: Vergessen des Guten als auch Vergessen des Bösen? Vergessen und erinnern, erinnern und vergessen des Bösen und des unbedingt Guten?

Was geschieht uns und anderen in der Ohnmacht?

Was verschweigt das Schweigen wirklich? Oder wann und wie redet es doch?

Das sind Fragen, die mir aus Tagebuchnotizen von Hauptmann Wilm Hosenfeld aufgegangen sind und denen ich mich in dem folgenden Essay zuwenden möchte.

Anmerkungen

Der Nachlass von Wilm Hosenfeld ist in einer sorgfältigen Quellenedition von Thomas Vogel im Militärgeschichtlichen Forschungsamt gesichtet und im Jahre 2004 herausgegeben worden. Dankenswerterweise hatte ich schon seit April 1999 durch das Verständnis und die Grosszügigkeit von Dr. Helmut Hosenfeld vollständigen Einblick in den Nachlass seines Vaters gewährt bekommen. Mein hier ohne Kürzungen veröffentlichter Essay wurde 2001 verfasst. Eine sehr verkürzte Fassung findet sich in Fischer TB 15221 »Retter in Uniform«, herausgegeben von Wolfram Wette, April 2002.

Abkürzungen:
Tgb. = Tagebuch
A.H. = Annemarie Hosenfeld
W.H. = Wilm Hosenfeld
H.H. = Helmut Hosenfeld
Ntz. = Notizbuch
NH = Nachlass W. Hosenfeld

1 Bulletin der Bundesregierung Nr. 50-1 vom 20.7.2000.

2 Hierzu später auch sehr eingehend Arno Lustiger: F.A.Z. 3.6.2000 »Feldwebel Anton Schmid«; W. Wette: Die Zeit 4.5.2000 »Lieber als Helfer krepieren«.

3 Hannah Arendt: »Eichmann in Jerusalem«, S. 343-45, München 1996.

4 Eric Silver: »Sie waren stille Helden«, S. 196 ff, München 1992.

5 Ich beziehe mich auf: Die Zeit 20.7.2000 und 27.7.2000; F.A.Z. 21.7.2000 und 22.7.2000; F.R. 21.7.2000; W.K. 21.7.2000; S.Z. 21.7.2000; B.N.

21.7.2000; N.Z. 21.7.2000; TAZ 21.7.2000; Welt 21.7.2000; Tgsp. 21.7.2000; Hbg. Abbl. 21.7.2000; N.Z.Z. 21.7.2000; N.D. 21.7.2000.

6 Hierzu: Landtagsforum Kiel 4.12.1999 zur Ausstellung »Aufstand des Gewissens«, vorläufiger stenografischer Bericht.

7 Anmerkung 29 in »Das wunderbare Überleben«.

8 F.A.Z. 17.5.2000 S. 54. Meines Wissens stellte sich Jahre später diese Behauptung über Rüdels Beisitz im Volksgerichtshof als ein peinlicher Recherchierungsfehler des M.G.F.A. heraus. - Die Frage von Jehuda Bauer an Präsident Rau ist hierdurch keineswegs abgewiesen. - Inzwischen wurde 2006 eine Kaserne in Darmstadt nach dem Major Karl Plagge benannt. Siehe dazu Fischer TB 15852 »Zivilcourage« herausgegeben von Wolfram Wette.

9 Brief von Leon Warm-Warczynski an Wladyslaw Szpilman vom 16.11.1950 - NH; Brief-Karte vom 16.11.1947 von W.H. an A.H. - NH; Zeugnis von Mrs. Maria Malina an Yad Vashem »Dept. for the Righteous« vom 4.5.2000 - NH.

10 Brief vom 23.8.1944 an A.H.

11 Tgb. W.H. vom 8.8.1944.

12 Briefe vom 23.8.1944 und 27.8.1944 an A.H.

13 Das neunseitige Schriftzeugnis, NH: »Gefangenenlager P.« September 1939.

14 Brief vom 23.9.1939 an A.H.

15 Brief vom 30.9.1939 an H.H. bzw. dessen mündliches Zeugnis. Und siehe Anmerkung 18 »Brücke... «, S. 226 Nr. 40 + 41.

16 Brief vom 30.9.1939 an H.H. bzw. Anmerkung 13: Schriftzeugnis S. 9.

17 Siehe Brief vom 31.3.1950 von Wolfgang Werner an A.H. Wolfgang Werner war als Medizinstudent und Soldat Teilnehmer an Vorlesungen im Rahmen der von Hauptmann Wilm Hosenfeld als Sportoffizier im September 1943 gegründeten

Wehrmachtskurse zur Berufsförderung. Wolfgang Werner war bei der Eröffnungsrede anwesend und berichtete: »Er – Hauptmann Hosenfeld – betonte, dass alle Teilnehmer sich als freie Bürger und als Menschen fühlen sollten. Besonders hervorgehoben werden muss aber das mutige Eintreten für eine deutsch-polnische Verständigung, das Hauptmann Hosenfeld in aller Öffentlichkeit zeigte, und welches ihm nicht nur meine Sympathie sondern auch die aller verständigungsbereiten Polen eingebracht haben dürfte. Hauptmann Hosenfeld wies immer wieder in Ansprachen darauf hin, dass die Deutschen die Freundschaft und Achtung des polnischen Volkes erwerben müssten, eine Knechtung mit Revolver und Knute würde zu keinem guten Ende führen. In aller Schärfe wandte er sich gegen jeden Terror und die Methoden, mit denen teilweise von deutscher Seite in Polen vorgegangen wurde.«.

18 Siehe Essay von W. Biermann: »Brücke...« in Wl. Szpilman »Das wunderbare Überleben«, S. 224 Nr. 36, Düsseldorf 1998. Die Erzählung dieses Erlebnisses, das ich den »Schock von Wegrow« genannt habe, regte den Komponisten Dieter Lohff zu einem Requiem für einen polnischen Jungen an. Er widmete es Wilm Hosenfeld. Es wurde nicht nur in zahlreichen deutschen Städten aufgeführt, sondern auch mehrfach in Polen. Ausserdem in Bonn im Deutschen Bundestag; in Bremen am 27.1.2002 und 11.11.2002.

19 Brief vom 10.11.1939 an A.H. Siehe hierzu vergleichsweise: Gerd R. Überschär: »NS-Verbrechen und der militärische Widerstand«, S. 156-162 Nr. 5, 6, 7. Auch Tgb. vom 14.2.1943: Der Zeugenbericht des Herrn Sp. zu massenhaften Lehrererschiessungen Herbst 1939.

20 Brief vom 23.10.1939 an A.H.

21 Schriftzeugnis W.H. 14.12.1939 und 15.12.1939, S. 1-4 »Erlebnisse und Eindrücke«, im NH.
22 z.B. die Weihnachtsfeier mit 30 polnischen Arbeitern, Brief vom 23.12.1943 an A.H.
23 z.B. Brief vom 23.9.1939 aus Pabjanice an A.H.
24 Tgb. vom 6.7.1943 und 5.12.1943.
25 Tgb. vom 21.8.1942 und 6.7.1943.
26 Tgb. vom 30.6.1943.
27 Tgb. vom 26.9.1942.
28 Tgb. vom 23.7.1942, 13.8.1942, 1.9.1942, 6.7.1943, 5.12.1943, 28.12.1943.
29 Ntz. NH, 28.5.1941, 13.6.1941, 23.8.1941, 3.9.1941 und 13.9.1941.
30 Tgb. vom 9.1.1942 und 20.9.1942, Briefzeugnis der Haushaltshilfe Maria Malina an Yad Vashem vom 4.5.2000, NH.
31 Siehe Wl. Szpilman a.a.O. S. 225 Nr. 38 und 39 Brief von Leon Warm-Warczinski an Wladyslaw Szpilman vom 16.11.1950 - NH.
32 Tgb. vom 16.6.1943.
33 Tgb. vom 16.6.1943.
34 Briefe vom 22.9.1939, 8.11.1939 und 10.11.1939 an A.H.
35 Brief vom 10.11.1939 an A.H. Hierzu u.a. W.H. Reaktion auf die Sportpalastrede vom 16.2.1943 in Tgb. vom 17.2.1943, davor Tgb. vom 18.1.1942 und Reaktion auf Führerrede vom 30.1.1942 in Tgb. vom 1.2.1942.
36 »Erlebnisse und Eindrücke« - Schriftzeugnis von W.H. vom 15.12.1939 NH.
37 Briefe vom 23.12.1943 und 8.10.1944 an A.H. und vom 6.11.1939 an H.H.
38 Brief vom 10.5.1940 an H.H.
39 Brief von W.H. an Ketelhorst vom 25.9.1940. Dazu vergleichsweise Tgb. vom 3.3.1943 und Brief vom 25.8.1940 an A.H., alle 3 Quellen NH.
40 Tgb. vom 6.9.1942; ferner vom 23.7.1942 und 25.7.1942.

41 Tgb. vom 17.4.1942.
42 Tgb. vom 1.10.1942.
43 Siehe Anmerkung 30 Briefzeugnis Maria Malina ...
44 Siehe Bericht von Miroslaw Banaciak und Monika Piatowski in »Gazeta Wyborska« vom 8./9.7.2000 »Robinson und der Wandervogel«.
45 Tgb. vom 28.12.1943.
46 Tgb. vom 3.6.1939.
47 Brief von Leon Warm-Warczynski an Herrn Wladyslaw Szpilman vom 16.11.1950.
48 Zeugnis mündlich an Autor von H.H.
49 Brief vom 26.11.1940 an A.H.
50 Brief vom 21.2.1942.
51 Briefe vom 27.8.1939 und 30.8.1939 an Familie und vom 1.9.1939 und 6.11.1939 an H.H.
52 Schriftliche Mitteilung des ältesten Sohnes Dr. Helmut Hosenfeld an den Autor.
53 Mündliche Mitteilung des ältesten Sohnes Dr. Helmut Hosenfeld an den Autor.
54 Siehe »Zeitzeugnis - Leben für Versöhnung« - Hermann Maas - Wegbereiter des christlich-jüdischen Dialoges, Karlsruhe 1997.
55 Brief vom 15.12.1942 an A.H., Brief vom 15.12.1941 an W.H.
56 Brief vom 23.12.1943 an A.H.
57 Briefe vom 16.3.1944 und 25.10.1944, Tgb. vom 1.10.1944.
58 Tgb. vom 11.9.1940.
59 Briefe vom 16.3.1944 und 25.10.1944 an A.H.
60 Tgb. vom 11.8.1944.
61 Zu Dirlewanger siehe Christian Gerlach »Kalkulierte Morde« S. 1209, Hamburg 1999.
62 Siehe Briefe August/September a.a.O.
63 Tgb. vom 2.4.1944.
64 Tgb. vom 5.12.1943.
65 Tgb. vom 28.12.1943.

66 Siehe Karl Jaspers: »Die Schuldfrage«, Wiederantrittsvorlesung Heidelberg 1945/56, München 1996. Ferner: Aleida Assmann/Ute Frevert »Geschichtsvergessenheit Geschichtsversessenheit«, Stuttgart 1999, S. 112 ff.

67 Tgb.: Tomassow 26.6.1942.

68 Platon: »Res publica« 505[d].

69 Die Akte des Gerichtsurteils befindet sich im NH.

70 Briefe vom 25.8.1944 und 5.10.1944 an A.H.

71 Als 2 Beispiele: Tgb. vom 26.6.1942 und 2.4.1944.

72 Brief vom 30.9.1939 an A.H.

73 Brief vom 10.11.1939 an A.H.

74 Platon: »Res publica«, 357[b] und 358[a].

75 Kant: »Grundl. Met. Sitten« Erster Abschnitt - Ferner: Über einfache, aber auch gemischte Motivkompositionen des Rettens siehe Eva Fogelmann »Wir waren keine Helden«, München 1998.

76 Hierzu: Anmerkung 2.

77 Winfried Meyer: »Unternehmen 7« Eine Rettungsaktion Kap. 7, S. 206 ff., Frankfurt 1993. Dasselbe auch in: »Zivilcourage« herausgegeben von Wolfram Wette, Frankfurt 2004.

78 Es ist aufschlussreich, das Mischmotivfeld eines durchaus umsichtig-kühnen Judenretters zu betrachten, des Majors d.R. Karl Plagge. Als Kommandant des Heeres-Kraftfahr-zeug-Parks 562 in Wilna von Juli 1941 bis Juli 1944 benötigte er zur Aufrechterhaltung des Betriebes Facharbeiter. Diese waren unter Polen kaum zu finden. Er rekrutierte sie aber nicht nur in der erforderlichen Zahl unter der jüdischen Bevölkerung aus dem Ghetto. Er benutzte den militärisch erforderlichen Organisationsstand, den er zu verantworten hatte, darüber hinaus als Deckung, um weitere hunderte Juden anzufordern, für die er Beschäftigungen erfand, die gar nicht in einem unmittelbaren Zusammenhang zu seinem militärischen Auftrag standen. Dadurch

rettete er sie vor dem Zugriff der Einsatzkommandos der SS. Siehe: Intern 2, 17.4.2001 Bericht über Karl Plagge, Darmstadt - ferner in »Zivilcourage« über Karl Plagge von Marianne Viefhaus, Frankfurt 2004, ferner: Eva Fogelman »Wir waren keine Helden«, München 1998, Gunnar Heinsohn »Die Ermutigung des Rabbi Schulweis«, Zeitschrift Universitas 5/1993.

79 Arno Lustiger: »Zum Kampf auf Leben und Tod«, S. 15-46, München 1997. Rettungswiderstand: Diesen Vorschlag vernahm ich auf zwei Workshops am 2.12.2000 in Bremen und am 19.5.2001 in Dresden.

80 Karl Jaspers: »Die Schuldfrage«, München 1996, B III, I ff.

81 Th. Adorno: »Theorie und Praxis« Kap.3, S. 384.

82 Dirk Heinrichs: »Nach Jericho zurück« S. 69, Hamburg 1966.

83 Anmerkung 80, a.a.O. S. 69.

84 Zeitschrift Merkur »Solidarität und Leistung«, Februar 1978.

85 Jürgen Habermas zitiert in »Recht und Gewalt - ein deutsches Trauma«, Merkur Januar 1984, S. 20 Josef Isensee.

86 Tgb. vom 16.6.1943.

87 Tgb. vom 22.1.1942.

88 Tgb. vom 1.10.1942.

89 Tgb. vom 16.6.1943.

90 Leszek Kolakowski: »Die Moderne auf der Anklagebank« S.41, Zürich 1991.

91 Siehe Anselm Grün: »Der Anspruch des Schweigens« Münsterschwarzach 1984.

92 Siehe Anmerkung 90.

93 Hans Jonas: »Der Gottesbegriff nach Auschwitz«, Frankfurt 1987, Wolfgang Huber, Hessischer Rundfunk, 2. Programm, 4.10.1988, 9.00 Uhr »Allmacht und Ohnmacht, die Gottesfrage nach Auschwitz

und Hiroshima«. Ferner: Walter Dietrich & Christian Link »Die dunklen Seiten Gottes« Bd. 2 Allmacht und Ohnmacht, Neukirchener 2000, Hermann Lübbe: »Religion nach der Aufklärung« Köln 1986, S. 195 ff.

94 Siehe Anmerkung 99, a.a.O. S. 4 und S. 13, Anm. 4.

95 Siehe: Frankfurter Rundschau 8.6.2001, Leserbrief von Dr. Helmut Kramer, Vors. des Forums Justizgeschichte e.V. Wolfenbüttel.

96 Siehe Wolfram Wette in F.A.Z. vom 11.11.2000.

97 Tgb.: Tomassow 26.6.1942.

98 Heidegger/Jaspers: Briefwechsel 1922-63, S. 276, Ziff. 11, München 1992.

99 Gerd. R. Überschär: »NS-Verbrechen und der militärische Widerstand gegen Hitler« S. 163, Darmstadt 2000.

100 Bernd Naumann: »Der Auschwitzprozess« Frankfurt 1965. Werner Renz: »Völkermord als Strafsache«, Dokumentation F.R. 18.8.2000. Ferner neuerdings: Harald Welzer: Täter - wie aus ganz normalen Menschen Massenmörder werden, Frankfurt 2006; Gerhard Paul (Hrsg.): Die Täter der Shoah - Fanatische Nationalsozialisten oder ganz normale Deutsche?, Göttingen 2002/03.

101 Pascal: »Pensées« 211.

102 Genesis 3, 22-24.

VOM VERGESSEN UND ERINNERN DES GUTEN

Betrachtungen zum Retterwesen

Für

Detlef Bald
und
Manfred Messerschmidt

in Dankbarkeit

II. Vom Vergessen und Erinnern des Guten

Vorbemerkung

Mit den folgenden Betrachtungen zum Retterwesen möchte ich einen Gegenpol setzen zu den historiografischen Geschichten der Bücher: »Retter in Uniform« und »Zivilcourage - Empörte, Helfer, Retter aus Wehrmacht, Polizei und SS«[1]. Mich beschäftigt, was über den historisch erfassbaren Vorgang eines Rettungsfalles hinaus eigentlich geschieht: für den Geretteten wie auch für den Rettenden selbst inmitten der Dämonie des Vernichtungskrieges. Was sich durch ihr gegenseitiges aktives und passives Handeln aus dem wesentlichen Grund allen Menschseins an Werten zeigt. Und was es nicht nur für diese Beiden bedeutet, sondern auch für die Welt um sie herum, für die Nachwelt. Ursachen, Umstände und Folgen eines Rettungsvorganges zu erkennen, ist das eine. Aber ich versuche, in allen diesen Geschichten das Wesen des Rettens und seiner Belastungen zu deuten. Die Sprache solch philosophischer Deutung ist keine nur beschreibende. Sie denkt über diese hinaus. Sie greift auch mit Zitaten als Schlaglichter zurück auf die grossen Denker einer humanen Gesinnung und auf Glaubenszeugnisse aus der Religion der jüdischen Opfer. Mehr fragend als antwortend wird versucht zu verstehen, was in einem Rettungsereignis durch alle Düsternis des Bösen hindurch an Gutem aufleuchtet.[2]

Einführung

Die in den vorliegenden Bänden gesammelten Biografien von »Rettern in Uniform« beantworten die lange Zeit oft zweifelnd gestellte Frage: ob es in der Nazidiktatur und in der militärischen Unterwerfung zum totalen Gehorsam überhaupt solche selbstlosen Menschen habe geben können? Bei aller Verschiedenheit ihrer Persönlichkeiten sowie der unvergleichbaren Umstände ihrer soldatischen Einsatzbedingungen werfen ihre Rettungstaten noch eine andere Frage auf. Sie lautet: ob es, wie immer verursacht oder organisiert, ein Vergessen des Guten individuell oder kollektiv, und auch ein Vergessen der Erinnerung des Guten geben kann? Ob ein Vergessen des Guten zur Folge hat, dass Menschen mit der Ausführung von Vernichtungsbefehlen, von Massenmord, wie aus allen Sinnen heraus geradezu in den Schlund des Bösen hinein verwahrlosen? Oder ob es nicht auch im Inferno des Krieges zumindest in der Mahnung einer aufrufenden Gewissensstimme ein Erinnern des Guten gegeben hat, das unerschütterbare Gegenkräfte weckte und zum Rettungshandeln ermutigte? Gegenkräfte, die, wie die Biografien von Rettern beweisen, spontan angesprochen zu Taten der aktiven Hilfe, der Beschützung trotz eigener Gefährdung befähigten. Durch diese zeugten sie von der Wahrheit des Guten. Ihre erstaunliche Zuwendungsbereitschaft, wenn auch bei Wenigen bewies, dass Es nicht gänzlich untergegangen war.

Über das Vergessen des Guten und damit auch über das Erinnern des Guten in seinen Schattenspielen und Leuchtzeichen nachzudenken durch den Anlass historisch belegter Beispiele, heisst, den komplementären ontologischen Zusammenhang des Guten und des Bösen zu erfassen, der sich hinter jeder moralischen Entscheidung von gut oder böse verbirgt. Denn »ein Mensch ist bei lauter guten Handlungen dennoch böse«.[3] Das bedeutet auch seine Neigung, sein ausnutzbares Gefälle, beides zu verwechseln. Der Mensch ist im Guten und Bösen immer eine zweideutige Wechselexistenz. Unscharf sind ihre Trennlinien. Unentwirrbar oft die mehr-, die vieldeutigen Motivkomplexe. Schon der Prophet Jesaja warnte: »Weh denen, die Böses gut und Gutes böse heissen ...«.[4] Allein, so ist es doch alltäglich fast normal in Haltung und Gepflogenheit, im Umgang miteinander, der im Glauben an das Gute lässig, wenn nicht höhnisch vergesslich ist statt mit dem Bösen einschränkend umzugehen und Es vor allem nicht zu übersehen.

Gerade die schon erforschten und auch die noch erforschbaren Rettungstaten - viele sind leider längst in ein geschichtsloses Vergessen entschwunden - zeigen die wechselseitig miteinander verflochtenen Wesenskräfte von Vergessen und Erinnern auf. Das Eine ist nicht ohne das Andere, und je auf vielfältige Weise wirkungsmächtig durch kaum vergleichbare Verflechtungen der undurchschaubaren Motive.

Die Erinnerung des Guten von Rettungswiderständlern durchbrach das namentlich im Feldzug gegen Polen 1939 und die Sowjetunion ab 1941 im Militär befohlene kollektive Vergessen des Guten und die gehorsamste individuelle Unterwerfung nicht immer nur aus den angedeuteten Quellen allein. Berechtigte Motive, der jeweiligen militärischen Auftragslage pflichtgemäss zu dienen, mischten sich mit nicht zum Schweigen gebrachtem Gewissen. Manche Retter trieben gerade ihre militärischen Obliegenheiten in den ihnen zugewiesenen Verantwortungsbereichen dazu an, das Nützliche mit dem notwendenden Gutsein zu geschundenen Menschen zu verbinden.[5] Sie brauchten in den besetzten Gebieten (Ostland) zur Auftragsbewältigung tüchtige Arbeitskräfte. Vor allem Juden standen noch zur Verfügung.[6] Die letzteren entzogen sie damit dem Zugriff der Vernichtungskommandos. Aber über den eigentlichen Bedarf hinaus schafften sie weitere Beschäftigung als Deckung und holten dafür gezielt Verfolgte heran, die in Ghettos Gefangene der Vernichtungsplanung waren. So wurde aus militärischer Pflicht menschliches Erbarmen! Auch innerhalb militärischer Pflichterfüllung, wenngleich auf gewagteste Weise, wenn auch nicht ohne umsichtige, selbstsichernde Abschätzung der Risiken, öffneten sie über ein nüchternes Interesse hinaus den Spalt der Hinwendung, erweiterten ihn zur Nische und zum Freiraum ihres mitmenschlichen Handelns. Die Erinnerung des Guten kann über sein Vergessen unbezwingbar werden! Sie lässt selbst das eigene Leben für andere Fremde wagen. Sie lässt nicht verhungern, wehrt der Knechtung und mordenden Abschlachtung. Sie schafft erfinderisch durch Arbeit neue Hoffnung für die Sehnsucht der zu »Untermenschen« Stigmatisierten zu überleben.

In den Rettergeschichten der erwähnten zwei Bücher[1] werden nachlässiges Vergessen des Guten und, daraus ausbrechend, ein tatkräftiges Erinnern des Guten in Wesen und allen Spielweisen menschlichen Daseinskampfes überdeutlich. Ohne das Gute sowie ohne etwas Gutes tun, ist ein sich erfüllendes gottseliges Menschsein mit seinem Wollen »Zur Freude an der Wahrheit«[7] nicht zu bestreiten, wie eben komplementär nicht ohne das Böse und Böses tun. Kein Mensch kann dauernd nur gut und auch nicht dauernd nur böse sein. Vergessen und Erinnern des Guten und des Bösen (Bösartigen) sind so grundtiefe Bewegungskräfte seiner Lebensgeschichte.

Fragestellungen[8]

An wen adressiert sich letztlich das Vergessen des Guten von Vergessenden aller Liebe zu den Menschen in seinen bösen Folgen? Dazu antwortete Hauptmann Wilm Hosenfeld, und sicher nicht nur er, in seiner Erschütterung über die Massenmorde: das sei keine Frage an Gott, sondern an uns. »Wir sind es, die versagen! Wir alle werden mitschuldig. Uns alle, unser ganzes Volk, trifft eine furchtbare Vergeltung und Rache!«[9] – Das Schweigen des Menschen und das Mitmachen der Vergessenden stösst auf das Schweigen Gottes. Jeremia verkündete dazu im Namen seines Gottes: »Was wollt ihr noch recht haben wider mich? Ihr seid alle von mir abgefallen, spricht der Herr.«[10] Zu diesem Abfall zählt auch das Vergessen des Guten, das Vergessen der Aufrufe Gottes zur Gerechtigkeit. Die Prophetie und die Klagepsalmen des Alten Testamentes sind voll der Warnungen und Bekenntnisse, sich vor diesem Vergessen zu hüten. Aber es seufzt sich da auch die bange Frage aus: »Hat Gott vergessen, gnädig zu sein, und seine Barmherzigkeit vor Zorn verschlossen?«[11] In der modernen Existenzweise, die viele Lebensfragen ver-rationalisiert und dadurch die Frage nach dem einen Guten an sich wie das Fragen nach dem sich abwendenden Gott wegmacht, jedenfalls solange sie diese ihre flachwinkelige Weise der Daseinsbehauptung selber noch aushält, bewirkt das Schweigen aus dem Vergessen: dass auch Gott vergisst, gnädig zu sein und schweigt. Warum lässt Gott das zu, warum schweigt Er, der (angeblich?) gute Allmächtige? So fragten die Verzweifelten in den Vernichtungs-KZ und wagten Gott anzuklagen, ohne Ihn damit aus seinem untätigen Schweigen hervor zu locken. »Warum schweigt man und protestiert nicht? Wir sind alle feige und bequem, zu falsch und verrottet, darum müssen wir auch alle den Sturz ins Verhängnis mitmachen ...«. So notierte es ein Retter, stellvertretend auch für andere mit, in seinem Tagebuch.[12] Dennoch geben viele Geschichten von »Rettern in Uniform« Zeugnis von der Unvergesslichkeit des Guten. Geben fallweise Antwort auf die nachfolgende allgemeine Frage: kann das Gute überhaupt je total vergessen sein? Kann einem Menschen wirklich das Gute aus der Regsamkeit seines Geistes verfallen in eine bewusstlose Erinnerungslosigkeit? Um wie aus einem verriegelten Untergrund des Gedächtnisses – verriegelt durch etwas ihm Böses – zunächst nicht wieder in die Erinnerung hervorholbar zu sein? Um dann aber doch bei Gelegenheit wie absichtslos und unerwartet durch einen nicht mehr gelähmten Willen zum Guten in ein entscheidungsbestimmendes, handlungsleitendes Bewusstsein aufzusteigen? Hiesse sonst das Gute vergessen für einen Menschen nicht, aus seinem Sein als ein moralisches Wesen mit ihm eigenen gewissenhaften Orientierungskräften zu entfallen? Gleichsam wie aus diesem herausgekehrt, sich allen Gutseins zu entleiben? Aber widerfährt nicht jedem Menschen sowohl zufällig als auch notwendig immer ein Vergessen? Oder gar nach dem Bruder-Leichtfuss-Song aus der Fledermaus-Operette: »Glücklich ist, wer vergisst, was doch nicht zu ändern ist«? Unterläuft einem Menschen nicht ständig - und sei er noch so seiner selbst und seiner Handlungen bewusst - Vergessen aus den Verwahrnissen seines Bewusstseins, aus den Nischen, ja auch den Verformungen und Verstecken seiner Seele im Blutstrom des Lebens, zwischen schon festgelegter habituell prägender Vergangenheit zumal der Kindheit, und noch offener Zukunft? Oder Vergessen, gleich auch als Verdrängen, in die Senkkammern seines Gewissens hinein? Denn ein Vergessen des Guten: ist es nicht auch ein Vergessen des Bösen? Oder ein Vergessen des Bösen: ist es nicht auch ein Vergessen des Guten? Und wenn das so ist: kann das Gute dann nicht doch wiedererinnert werden? Eben weil Erinnerungsarbeit gleichsam die Kreislaufpumpe unseres seinsträchtigen Geistes ist! Steht eine Erinnerung des Guten nicht im Wort für den Vorrang der Gerechtigkeit vor einer sie vernutzenden instrumentellen Vernünftigkeit? Werden durch die oberflächlichen Gewohnheiten der Verzweckung - was nicht heisst, dass sie entbehrlich sind - die gegenwehrenden Tiefenbildungen des Gedächtnisses nicht gefährdet? Und damit einer Verschüttung ausgesetzt? Und zwar über die blosse memotechnische Fähigkeit, die der Mensch im Geschäft der Daseinsbewältigung benötigt, des Gedächtnisses kostbare Gabe der Wahrheitssuche und Wahrheitsfindung ausgetrocknet? Mit der Folge des Verlustes an im Gedenken erinnerbaren immanenten und transzendenten Geistesbildungen und Sprachgütern?[13] Gibt es ohne eine Erinnerung des Bösen - und damit komplementär auch des Guten - einen auflichtenden Weg aus der Entzweiung, theologisch gedacht aus der Erbsünde? Erstickt sich ein Mensch im Vergessen des Guten - gerade auch, wenn er Es sich vergessen machen lässt - nicht selber in Unfreiheit und ungelöster Verschuldung? Und kommt dann aus solcher Entselbstung nicht mehr auf die Spur zur befreienden, offenstehenden Verantwortung seiner selbst und des ihm Anvertrauten? Denn wer findet schon ohne eine Erinnerung des wahren Guten aus den so gerne verdrängten Fakten und Belastungen seiner Geschichte und ihrer Verwebungen heraus? Vergessen und Erinnern scheinen aber oft wie ungeschichtlich zu sein, nicht-mehr oder noch-nicht als persönliche Geschichte feststellbar; denn Vergessen drängt die nicht mehr gewollten Evidenzen ins Unerscheinbare. Erinnern holt sie aus der vorübergehenden Unerscheinbarkeit wieder hervor in das individuelle ethische Wollen und moralische Handeln. Das Vergessen lässt entfallen in ein (scheinbares) ausser mir, das Erinnern aber bewegt ein (echtes) von innen her. Im Vergessen verfremdet sich ein Mensch die Zugänge zu seinem Gut-Sein. Im Erinnern entfremdet und öffnet er sie. Ein Psalmist deutete schon darauf hin: »Merket doch das, die ihr Gottes vergesset, dass ich nicht einmal hinraffe und sei kein Retter da.«[14]

In den Erinnerungen des Guten und damit des Bösen ergibt sich im realen Leben ein Angebot zur Aufrichtung in die Zuwendungskraft zum anderen Menschen, auch wenn es aus »einem weichen Herzen« geschieht, das nicht denkt, sondern hilft ... – wie Feldwebel Anton Schmid es vor der Erschiessung in seinem Abschiedsbrief bezeugt hat.[15] Die Retterbiografien überhaupt zeigen: so lässt sich, in der Balance zu sich selber und gewahrt durch sie, handelnde Liebe gewinnen auch aus dann unverletzter Selbstachtung. Jeder Mensch ist in seinem Guten und Bösen eine zu diesen Polen hin und her webende geschichtliche Mischexistenz. Er kann sich entscheiden für gut oder böse, aber er bleibt im Guten und im Bösen an der Welt und ihren Zumutungen undurchschaubar verkettet. Das Gute aber ist nicht nur in der Entscheidung für Guttun und Gutdenken unbedingt. Sondern dies eine unbedingte Gute ist unerlässlich, damit wir aus der Wahrheit unseres Seins den Verkehrungen in das Böse Widerstand entgegensetzen. Ein unvergängliches Zeugnis hierfür hat uns 1941/42 Feldwebel Anton Schmid geschenkt.[15] Philosophisch gesprochen, bedarf das Unbedingte, diese Kraft des totalen Gegenan umringt vom Massenmorden an den Wilnaer Juden, der ontologisch fundierten, existentiell ergriffenen und einer ethisch-sittlich transformierten Erinnerung des Guten. Sie kann sich auch in einem sicheren, unbeirrbaren Gefühl mitteilen, Es Handlungsmotiv werden zu lassen. Sie reisst die Schleier des Vergessens, der Verdrängung eines möglichen, gebotenen Guthandelns auf. So waren auch die »Retter in Uniform« nicht militärische Widerständler, sondern in ihrem Rettungswiderstand[16] zugleich die Retter des Guten vor den Schlünden des Bösen.

Aber weil ein Mensch doch immer das eine; nämlich ein Vergessender ist, und wie Gadamer und Nietzsche es beschrieben haben, auch sein muss, - und weil er auch immer der andere; nämlich ein Erinnernder des Aufrufes zum Guten hin, wenn nicht faktisch, so doch der Möglichkeit nach bleibt: darin liegt die Unentbehrlichkeit des Guten wie des Bösen in ihrem Widerspruch, der ausgehalten, der balançiert sein will. In der Entzweiung als der Ursache des Bösen - ein Gedanke Hegels[17] - ist das Vergessen des einen Bösen auch die Chance des gegensätzlich anderen, des Guten. Denn Entzweiung ist immer Entgegensetzung, aber in sich ergänzender Gegensätze. Sie ruft die philosophische wie religiöse Frage hervor nach der Einheit und dem Einen, dem Gott. Jedenfalls kann sich unsere Existenz in ihrer Freiheit, trotz allen sie einschränkenden habituellen Bindungen und unter Bedingungen der Not oder des Glückstrebens auswählend entscheiden und diese Chance wahrnehmen. Die »Retter in Uniform« haben in solcher Not der Verfolgten mit ihren Geretteten, und durch sie auch sich selbst, und nicht nur jene aus dem unseligen Verhängnis herausgeholt. Dabei zählt nicht die Mischung von Reinheit oder Unreinheit ihrer Motive, sondern allein die Tat. Die Ambivalenz[18] guter und übler Motive, wie sie jedem Menschen eigen sind, zündet gerade mit ihren Reibungen die Tat des Helfens. Bei Soldaten bestimmten ferner Rangordnung und Einsatzbedingungen das Ergreifen einer Gelegenheit, die sich dem rangniedrigen Landser kaum stellte. Da ein Retter, um handlungsfähig zu bleiben und um selber zu überleben, so schutzbedürftig ist wie sein verfolgter Schützling, darum muss er klug, wenn nicht listig täuschend, im Zweifel auch mit Lüge und Verstellung vorgehen, um jenes Guten willen, das in seinem sittlichen Bewusstsein als Humanum, als verstehende Zuwendungskraft lebendig und damit kein ungeschichtliches Abstraktum ist. Diese Ansprechbarkeit zur Tat unterscheidet es auch vom stumpfen Zuschauer (Bystander) böser Vorgänge. Dessen sittliches Bewusstsein, wenn nicht von Furcht und Feigheit überwältigt, ist in eine Art Taubstummheit verfallen, in das Böseste der Gleichgültigkeit, - necbonus-necmalus, medius, - nämlich nicht gut - nicht schlecht, der mittlere; also ein Wedernochling.[19] Durch Gehorsam, Karriere-Ehrgeiz, durch Propaganda, durch Strafandrohung und Kameradendruck, durch ungelöste Traumata oder Neurosen wird erzeugt, wodurch seine Stimme des Gewissens und sein Auge der Liebe erlischt.[20] Ein unbestechliches Beispiel ist der von Primo Levi geschilderte »Pannwitz Blick«.[21]

Auch Retter sind keine makellosen moralischen Lichtgestalten. Sie waren die, die da oft zufällig anwesend waren und zugriffen, wo sonst keiner da war oder niemand zugriff. Nicht einmal ein eingreifender Gott trat aus seinem Schweigen, seiner Selbstzurücknahme hervor und rettete! Die in solcher Tat sich verwirklichende, zumeist unreflektiert ergriffene Erinnerung des Guten führt nicht zu einem vollendeten Menschsein. Sie bleibt im Stande ihrer Unvollkommenheit. Das entwertet die Rettungen nicht. Im Gegenteil, es wertet sie auf, weil hier Einer, mit seiner eigenen Mischexistenz von gut und böse, den Freiraum nutzte, den andere nicht wagten zu nutzen. Manche Retter haben geklagt: hätte ich nicht mehr tun können, wenn ich nicht auch wieder schwach geworden wäre? Allein, dadurch wird das Ungewöhnliche der Humanität ihres Handelns nur deutlicher, auch mit der Frage: warum waren es so wenige ...? Warum war das Vergessen des Guten von solcher Unwiderstehlichkeit? Und sein Erinnern so bettelklein und doch arm-selig? Ist die Erinnerungskraft zum Guten der Vergessensknechtung durch Macht, Herrschaft und Interessen zwar im Allgemeinen unterlegen, dann jedoch keineswegs im Einzelnen der Tat von Empörten und Helfern. Denn das Gute wird der Welt wirklichkeitsgemäss nur verfügbar in demütigen Zeugnissen. Mit jedem Rettungsakt bewahrheitet Es sich uns, wie solches Handeln inmitten des Höllischen die Zwischenräume des Friedlichen schafft;[22] lässt das Gute erscheinen, das nicht unverfügbar vergessen sein will. Wo ein Mensch durch einen Anruf aus der Tiefe seines Seins angestossen wird, steht er in der Entscheidung: zu folgen oder in die Ebene der gerade zu erledigenden Angelegenheiten auszuweichen. Manche Rettungen wurden ausgelöst, weil ein Hilfesuchender mit Blick und Wort diesen Anstoss auslöste. Und das geschah nicht nach Absicht und Plan, um sich als Gutmensch zu betätigen und zu beweisen, sondern in der Kontingenz unerwarteter Begegnungen und Gelegenheiten.

Vergessen und Erinnern

Es geht hier um ein phänomenologisches Verstehen, das sich der historischen wie der existenz-ontologischen Dimension und dem von Vergessen und Erinnern moralisch intendierten sittlichen Bewusstsein zuwendet. Es ist etwas anderes in seinen Auswirkungen, ob Tatsachenwahrheiten, ob Vernunftwahrheiten oder Offenbarungswahrheiten vergessen und erinnert werden. Es geht mir nicht, der Leibniz'schen Unterscheidung folgend, um Tatsachenwahrheiten, sondern um Vernunftwahrheiten. Und gerade auch bei manchen religiös motivierten Retterpersönlichkeiten um Offenbarungswahrheiten. Ein Hauptmann Wilm Hosenfeld, ein Feldwebel Anton Schmid glaubten an das verheissene Himmelreich der Erlösung, an das »Dein Reich komme, Dein Wille geschehe wie im Himmel so auf Erden«. Aber ihr Gebet, - Anton Schmid betete es unmittelbar vor seiner Erschiessung allen Soldaten des Erschiessungskommandos hörbar, - ihr Glaube schloss eben nicht aus, sondern verlangte im Leben hier auf Erden, dass das Himmelreich, von dem ihnen Jesus Christus kündete, nicht erst in einem Jenseits die Scheidung des Guten vom Bösen ist und es so abdrängt. Das Himmelreich ist schon hier die Überwindung des Bösen durch das Gute, wo und wie immer sie gelingt; nämlich durch Freiheit zur Verantwortung eines Menschen. In den spärlichen Berichten von *Rettern in Uniform* vernehmen wir von ihren quälenden Konflikten, von ihrem Ringen um das in den Todesfugen des Vernichtungskrieges verlorengehende, mitgemordete Himmelreich.

Wie aber geschehen eigentlich auf so vielfältige Weise Vergessen und Erinnern unterschiedlich? Und was ereignet sich dabei persönlich wie sozial- und kulturgeschichtlich? Wie Vergessen und Erinnern im Bewusstsein und im Unterbewusstsein wirkt und was wir damit löschen oder erleben teils wach, teils in Träumen und Ängsten, ist zu unterscheiden von einer wissenschaftlichen Untersuchung, wie sich von ihr Vergessen und Erinnern erkennen und beschreiben lässt.[23] Vergessen und Erinnern können verstanden werden als psychologische, als neuro- und hirnphysiologische Prozesse.[24] Sie sind analytisch erforschbar. Sie lassen sich dann, wo sie Krankheitsbilder zeigen, therapeutisch behandeln. Mit Psychologie und Neurowissenschaft allein sind sie aber insbesondere ontologisch nicht zu verstehen, auch wenn durch sie vieles erklärt und manches therapiert werden kann. Bei Rettern wie bei Geretteten sind die oft nötigen Traumabehandlungen zu bemerken. Aber die historische Wirkungsmächtigkeit von Vergessen und Erinnern des Guten wie des Bösen wird durch analytische Wissenschaft nur unvollständig begriffen. Hier kann auch eine geschichtsphilosophische Bedenkung allein nicht weiterführen, es sei denn, dass sie im Wechsel die religiöse Sprache der Offenbarungserfahrung vernimmt. Denn was wir - als Auflockerung, nicht als Verlassen historischer Forschung - mit unseren immanent geschichtlichen Veranlassungen und Bindungen nicht an den Horizont der Transzendenz ausweiten, von woher die Grundfragen unseres Seins, wie auch das Gute und das Böse herüberkommen und das Gedächtnis auf ihre Weise besetzen, das wäscht die durchgliedernde Rationalität aus. So macht sie auch die Frage vergessen: Warum taten normale Menschen das Morden? - wofür sich Erklärungen finden lassen, aber keine letztgültige Antwort.[25] Und warum und wozu, die Angst zum eigenen Tod überspringend, retteten die Wenigen in Uniform nur Wenige? Etwa in Glück und Schuld ihres Überlebens hinein?

Im gewohnten Tagesablauf, der uns unablässig mit Sinneseindrücken überschwemmt, die uns unwichtig und nutzlos sind, vergessen wir und erinnern, wenn schon oft mechanisch. Aber wer meint, so Vergangenes von Bedeutung vergessen (verdrängen) zu können, den holt es oft wider Willen ein und besetzt Geist und Gewissen. Auf einem abseits gelegenen Denkmalstein für 1945 ermordete Kriegsgefangene, deren man sich auf diese Weise entledigte, steht ein Wort eingemeisselt von George Santanyaja: »Wer die Vergangenheit vergisst, ist verdammt, sie zu wiederholen.« Das zielt auf ein müssiges Vergessen als Gewissensentlastung. Und doch können dann immer wieder das eine oder andere Detail in die Erinnerung hochperlen. Wir vergessen auch unbewusst und erinnern reproduktiv Träume, Bilder, Landschaften, Gesichter, wenn auch mit Veränderungen, Verschiebungen. Das Photo soll, wie Erich Fromm bemerkt hat, dem Vergessen entgegen wirken durch eine »entfremdete Erinnerung«.[26] Sie entsteht nicht aus dem eigenen aktiven Tun des Gedächtnisses und seiner fast grenzenlosen geistigen Kraft. In Notizen, in Fotos veräusserlicht sich das Gedächtnis, was es selbst nicht behalten will. Aber es gibt existenzontologisch eine sich zur Transzendenz öffnende Erinnerung, durch die an dieser Grenze Sterben und Tod bedacht oder wieder ins Vergessen abgeschoben wird. Das religiöse Gefühl kann Erinnerung als »freie Assoziation« (Freud) erregen. Auch das philosophische oder wie im Alten Testament das prophetische Denken nimmt erinnernd Wahrheit aus der Transzendenz des Seins in seine Immanenz auf. »Die platonische Idee, dass alle Philosophie Erinnerung sei, ist in diesem Sinne wahr; alles Philosophieren besteht aus einem Erinnern des Zustandes, in welchem wir eins waren mit der Natur.«[27] - Auch dieses Denken erwacht aus der Gott-Vergessenheit und will wieder erinnern, was über uns, über jeden Einzelnen hinaus grundlegend ist. Augustinus bindet die Erinnerung in Gottes Geist an. Erinnert werden kann nur, was schon in Gottes Geist gewusst ist.[28]

Vergessen und Erinnern kann der Vergessende, der Erinnernde als im eigenen Vorgang davon bewegt sich selbst nicht identisch vergegenwärtigen. Es sei denn, er unterbreche ihn zur Selbstreflektion, verliere dann aber die genaue Anknüpfung und gerate in eine Tatsachenverschiebung. Zudem vergessen wir auch das Vergessen, haben keine Erinnerung mehr daran, anders als wenn wir gerade etwas vergessen und noch erinnern, dass wir just etwas vergassen. Solches Vergessen des Vergessens vollzieht sich auch in der Selbstvergessenheit. Von ihr ist erfasst ein in Rausch und Trance sich hingebendes, ausströmendes Schöpfertum, wenn ein Künstler, ein Dichter durch die ihn mitreissenden Inspirationen an einem Werk schafft. In einem Zustand des Aussersichseins - als ein Nebensichsein - geraten wir selbstvergessen, um unseren Geist ganz an etwas, an eine Sache unserer Zuwendung zu heften. Oder wenn in der Liebe ein orgiastischer Taumel uns hinreisst; wenn Wut und Gewaltschläge in einem epileptischen Koller ausbrechen und seine Selbstvergessenheit danach nicht mehr erinnern lässt, was geschehen, was angerichtet worden ist. In Selbstvergessenheit leben wir, wenn die Seele sich reinigend entrücken lässt in die erleuchtete Unio mystica, die Einung mit dem zu erleidenden Gott. Auch die Tiefe einer Demut lässt in Selbstvergessenheit sinken. Oder eine heroische Tat, aus Tapferkeit zum Tode, steigert sich opfernd hoch in Selbstvergessenheit. Sie ist des Menschen Ausfall seines subjektiven historisch-situativen Bewusstseins. Möglich ist da auch zu fragen, in Korrespondenz zu denken: ob Gott sich selbst vergessen will und kann, und dadurch sein unerlöstes Geschöpf Mensch in Schuld und Leid verfällt? Lässt sich jedoch im Ernst Sein untätiges Verschwiegensein, Sein Verharren zu den Greueln unseres Bösen als eine Selbstvergessenheit trotz Seines allmächtig schöpferischen Überseins deuten? Und nicht als eine Selbstzurücknahme, die eine totale Freilassung des Menschen im Ganzen unteilbarer Verantwortung verheisst!? Die Christen glauben doch, dass dieser Freiheit gewährende Gott in der Auferstehung der Toten aus Seiner Selbstzurücknahme heraustritt, - und nicht weniger im Heiligsein Jesu Christi. Für den, der das glaubt, verwirklicht sich so das sich nicht selber vergessen wollen und können ihres Gottes. Eine Selbstvergessenheit Gottes anzunehmen, vermag unser Denken im Zweifel zwar anzufragen, aber schwerlich, auch nicht mittels Vereinfachungen auszuhalten. Denn was stiftete dann Liebe und Güte? Und wäre mit dieser Frage nicht eine unzulässige Analogie transzendiert aus der tatsächlichen oder mystischen Erfahrung menschlicher Selbstvergessenheit?

Aber es mag eine weitere Frage in Achtung und Furcht erlaubt sein: ob das Schweigen Gottes als eine Selbstvergessenheit zu deuten, Ihm nicht, anstatt bittend und betend nach Ihm zu rufen, zugestehen sollte, sich darin in Seiner Schöpferkraft zu sammeln, die im Schaffen von Kosmos und Welt sich erschöpft, weshalb Er sie dem Spiel von Zufall und Notwendigkeit überlässt? Und der sich auch verschwendete im Geschenk der menschlichen Freiheit? Denn wäre Gott jetzt und hier unendlich gütig und unerschöpflich allmächtig: wie konnte Er den Greueln dieser in ein total Böses entartet umschlagenden Freiheit nicht vor den Krematorien von Auschwitz, Treblinka und Maidanek oder den Eingängen zu den Bleibergwerksgruben von Kolyma Einhalt gebieten?

Hierzu schrieb Hans Jonas: » ... denn bei dem wahrhaft und ganz einseitig ungeheuerlichen, das unter seinen Ebenbildern in der Schöpfung dann und wann die einen den schuldlos andern antun, dürfte man wohl erwarten, dass der gute Gott die eigene Regel selbst äusserster Zurückhaltung seiner Macht dann und wann bricht und mit dem rettenden Wunder eingreift. Doch kein rettendes Wunder geschah; durch die Jahre des Auschwitz-Wütens schwieg Gott. Die Wunder, die geschahen, kamen von Menschen allein: die Taten jener einzelnen, oft unbekannten Gerechten unter den Völkern, die selbst das letzte Opfer nicht scheuten, um zu retten, zu lindern, ja, wenn es nicht anders ging, hierbei das Los Israels zu teilen. Von ihnen werde ich noch einmal sprechen. Aber Gott schwieg. Und da sage ich nun: nicht weil er nicht wollte, sondern weil er nicht konnte, griff er nicht ein. Aus Gründen, die entscheidend von der zeitgenössischen Erfahrung eingegeben sind, proponiere ich die Idee eines Gottes, der für eine Zeit - die Zeit des fortgehenden Weltprozesses - sich jeder Macht der Einmischung in den physischen Verlauf der Weltdinge begeben hat; der dem Aufprall des weltlichen Geschehens auf sein eigens Sein antwortet nicht »mit starker Hand und ausgestrecktem Arm«, wie wir Juden alljährlich im Gedenken an den Auszug aus Ägypten rezitieren, sondern mit dem eindringlich-stummen Werben seines unerfüllten Zieles.«[29]

Daher fragen wir auch, in quälenden Zweifeln, ob jener Gott der Juden und der Christen, ob überhaupt Einer wirklich ist? Diese schwere, nie ganz auszulotende Frage, welcher Gott für mich wirklich ist, entscheidet sich aber kaum durch das, was ich von Ihm oder über Ihn denke, ersinne, gesagt bekomme. Sondern ihre Nagelprobe ist, was ich von Ihm im praktisch-verantwortlichen Dasein vergesse oder bereit und fähig bin zu erinnern! Was ich vernichtige. Oder was ich von Ihm ersehne ...; denn Ihn vergessen heisst, mich und die Wahrheit meines Menschseins vergessen. Ihn erinnern bedeutet, es nicht zu verlieren, nicht zu verschleudern, sondern zu gewinnen: Stufe um Stufe. Weil ich mich auf Dauer nicht selbst vergessen kann, ersehne ich Ihn. Und durch diese unerfüllbare Sehnsucht, es sei denn zeitweilig in einer Unio mystica von der Liebe Gottes benetzt, ist Gott wirklich! Zu dieser Seiner Wirklichkeit ersehnen viele Menschen im Tode eine letzte erlösende, reinigende Selbstvergessenheit.[30]

Neben dem Vergessen des Vergessens gibt es auch das Erinnern des Erinnerns. Erinnern ist indessen nicht etwa nur Gewinn und Vergessen keineswegs immer Verlust. Wer Gewusstes als seinen geistigen Besitz vergisst und sich ihn abhanden kommen lässt, der verliert damit zwar Etwas von sich selbst. Das kann schmerzlich sein, wenn der Verlust einer Kenntnis an Wissen unwiderruflich bleibt und dadurch ein Nutzen, ein Erinnerungswert verloren geht.[31] Dagegen ist Vergessen aber oft Befreiung, ist Entlastung eines von Erinnerungen überlasteten, ja traumatisch bedrängten Menschen. Es sind Erinnerungen, die er nicht mehr verarbeiten kann, die er ganz nüchtern nicht mehr gebrauchen will. Auch gibt es Erinnerungen der Schuld oder der Opfererfahrung, die vergessen sein müssen, um überhaupt weiterzuleben, um sich selbst und andere Menschen auszuhalten.[32] Hier wird Vergessen zur Güte! Sie muss aber die Frage nach dem Schöpfergott des eigenen Lebens nicht im Vergessen mit löschen. - Ein überfülltes Gedächtnis wird durch Vergessen auch frei gemacht, um wiederaufnahmefähig zu werden. Es befreit vom Ballast längst Vergangenem *nicht-mehr* und öffnet damit für die Zukunft des *noch-nicht*. Aber ohne Erinnerungen aus seiner Vergangenheit, die ihm christlich, humanistisch oder aufklärerisch prägende, auch durch Vorbilder ethisch orientierende Werte schenkt, kann ein Mensch nicht wahrhaben, wer und was er ist. Die Biografien der Retter beweisen solche Hintergründe ihrer Persönlichkeit. Ein gründliches Vergessen (machen) des persönlichen wie des sozialen und kulturellen Herkommens berauben der Bestimmungsgründe, um mit einer unvergessbaren Identität zu werden, als was ein Mensch denn vorgeprägt und weiter gebildet ist. Vergessen kann entheimaten. Erinnern kann neu beheimaten. Traditionen beruhen auf Erinnerungen, aber diese sind wert- und wesenlos, wenn sie nur zelebriert werden. Sie blockieren das notwendige Vergessen, und das ist gefährlich. Wie auch gefährlich sein kann, nicht zu erinnern, was wert ist und tragend aus einer Freiheit, die eine traditionsstarre Gefangenschaft nicht erträgt. In ihr kann auch kein Glaube mit offenen Türen für den Zuflucht (Sanctuary) Suchenden wohnen. In historisch biografischer Forschung stösst man oft auf das Phänomen, wie wenig Menschen bereit sind, sich ihre Erinnerungen verändern zu lassen, auch durch Gegenüberstellungen, durch widerlegende Dokumente nicht. Die Vergessensmacht des Ressentiments, des Grolls und ohnmächtigen Hasses, des Neides und der Rache mit folgenreichen Schäden[33], ja Katastrophen durchziehen die europäische und besonders die deutsche Geschichte. Man denke nur an die Kriegsschuldfrage 1914, an die Dolchstosslegende 1918, an das von Hitler ebenso ausgeschlachtete Ressentiment-Produkt des Versailler Diktates 1919. Immer bleiben historische Tatsachenwahrheit und der Wille zu ihrer vergewissernden Erinnerung auf der Strecke. Dagegen sind kommunizierbare Erinnerungen Schätze der Bewahrung. Sie retten kreative Werte, die immer noch hinweisend zukunftträchtig sind. Ohne sie erleiden wir Orientierungsverluste. Ihr Vergessen wird nur flüchtig durch Modenangebote kompensiert.

Erinnerungen können also persönlich, sozial und kulturell statt Ballast auch Anregungen für einen tragwilligen, tragfähigen Menschen und seiner praktischen Vernunft zugunsten seiner Kreativität sein. Ohne sie würde seine Daseinsbewältigung von Sinn und Form entleert werden. Und prophetische Erinnerungen, die das Vergessen von Gott anmahnen, die Erfahrungen mitteilen, wie Gott uns vergisst und verlässt, wenn wir ihn verlassen und vergessen: sind dies nicht, gegen die Versuchung des Vergessens, Erinnerungen, die eines Menschen Glaubensherz anwärmen? Sind sie nicht auch das Geheimnis seiner Erlösung?[34]

Wir erinnern, oft unter schockartigen Anstössen, das Vergessen; nämlich dass und was wir vergessen haben.[35] Wir vergessen das Erinnern dessen, was wert wäre, im Gedächtnis abrufbar erinnert zu bleiben. Wir vergessen also auch das Vergessen des Guten wie des Bösen. Das Vergessen des Vergessens legt sich wie eine Doppelschlinge um die Freiheit zum notwendigen Erinnern. Das erleichtert, ja fördert den Selbstbetrug, und die Selbstbelügung bleibt unbemerkt. Aber wir erinnern bisweilen auch ob des Bösen und wegen seiner Anschläge auf unser sittliches Bewusstsein, und erinnern damit notwendig fehlendes Gutes. Diese Ineinanderverschränkung ergibt sich aus der Entzweiung, die das Böse in seiner Entgegensetzung des Guten festmacht. Was Hegel und Schelling noch als »Entzweiung« beklagten und versuchten, sie durch die eine Vernunft an sich der »Noth des Gegenteils« zu entheben (Hegel), des Verlustes eines allgemein herrschenden Geistes der Übereinstimmung« (Schelling), daraus ist inzwischen das einen einenden Geist zerkrümelnde Komplexitätswachstum geworden. Nur in den unser Sosein transzendierenden Erinnerungen des Seins als Ganzes kann wieder eine Komplexitätsreduktion gelingen und das Eine im Vielen selbstevident Bewusstsein einer im moralisch Gültigen wurzelnden Existenz sein. Unser sittliches Bewusstsein ist der konfliktreiche Raum der Kontroversen aus der Entzweiung. Die Gefährdung seines Auseinanderbrechens, wodurch die Kontroversen eskalieren bis zu einem geistigen Tod des Verständigung suchenden Gespräches, erzeugt das Verlangen nach Einigkeit, Versöhnung, Einheit. Es zwingt als Gegenkraft Vergessen und Erinnern, ein Gespräch miteinander zu führen um das grund- und abgrundtiefe Sein des Menschen vor einem Gott, der sich ihrer von Jesus Christus stellvertretend erinnern lässt, der sie aber auch vergisst, weil sie Ihn vergessen. Und dadurch vergessen wir mit Vorliebe unsere Sterblichkeit. Zwar ist das Vergessen, dass wir sterben müssen, zeitweilig ein Geschenk. Niemand könnte ständig ohne Bewusstlosigkeit seines Endes; nämlich auch wie er sterben wird, erträglich oder freudig leben, wenn ihn diese Erinnerung nicht losliesse. Aber so vergessen wir auch gerne, wie wir selbst eines Tages überhaupt samt unserer Kultur vergessen sind, gleich unseren Vorfahren vor hunderten von Jahren.

Und wenn die Erinnerungskraft eines alternden Geistes schwindet, sich der Vorgänge seines eigenen Lebens, seines Herkommens, seiner Tätigkeiten zu erinnern, dann gibt es auch umgekehrt die Sehnsucht: vergessen zu sein mit allem, was an einem hängt, durch die unwiderrufliche Heimkehr in das ewige Sein.[36] – Man denke hier auch einmal mit kurzem Seitenblick an ideologische Propaganda als Vergessensmacher, als Erinnerungsblockierer z.B. der Gleichheit aller Menschen, der Menschenwürde, der Nächstenliebe, der Achtung von Recht und Gerechtigkeit. Propaganda und eine von Interessen bestimmte Werbung mit ihrer Information als Ware machen absichtlich das Wahre vergessen in die Halbwahrheiten oder in die Lüge, machen das Falsche zum Soll einer flach bis absurd vergemeinschafteten Erinnerung.[37] In der Nazizeit wurde eine Herrenklasse gegenüber Minderwertigen postuliert. Dieser Andere, aus der sogen. Volksgemeinschaft ausgeschlossene Untermensch, war als das Böse schlechthin zum Volksfeind erklärt. Inzwischen wird vom Präsidenten G. W. Bush, vorher schon von Reagan das Böse in ganzen Staaten festgemacht. Die sich vor Gott zu seiner Bekämpfung selbst als berufen Erklärenden erblinden im Selbstbetrug vor dem eigenen Bösen und der daraus folgenden Realitätsverfremdung. Was im Christlichen als Sünde gilt, was im philosophischen Denken das Böse ist, was im Rechtswesen als Verbrechen abgestraft wird, ist im Dienst der ideologisch-parteilichen Doktrinen zu Geboten, zu neuem Recht aller (üblen) Ehren wert verkehrt worden. Deutschen Militärpersonen wurde für Handlungen gegen feindliche Zivilpersonen sogar die Strafverfolgung erlassen.[38]

Gegen solch falsche Verkehrung widerstanden die »Retter in Uniform« mit ihrer Achtung des Rechtes auf Schutz und Leben. Wir machen uns heute keine Vorstellung mehr davon, wie schwer es für sie im zweiten Weltkrieg gewesen ist, sich von diesen höllisch-unwürdigen Einzwängungen zu befreien, sich dagegen eine menschenfreundliche Gesinnung in Wort und Tat nicht wegbefehlen zu lassen.[39] Wir beobachten gegenwärtig zudem eine Zivilisation des Vergessens, mit ständigem Programm- und Modenwechsel, gesteigert zum Wegwerf von Mensch und Sachen, von Embryonen, Zellkulturen und Organen. Die Erinnerungskultur wird von Historie, von religiöser Mystik und liturgischen Ritual, von Literatur und im Museum gepflegt. Politisch indoktrinierte Volksgemeinschaften, z.B. im Nazismus oder Stalinismus, müssen sowieso Erinnerungen, ja die Erinnerungsfähigkeit selbst ausschliessen, die zu der von der Herrschaft befohlenen Identitätsstiftung nicht taugen.[40] Macht der Zensor *Markt* es anders? Hier aber hilft dem Vergessen auf und pflegt die Erinnerungskräfte das, was als Gesellschaftskritik - durch die *Pressefreiheit* geschützt - aufgezeigt wird, damit nicht, wie übrigens auch in der zwecklosen mystischen Kontemplation, Vergessen und Erinnern überhaupt aufgehoben sind. Das mystische Kontemplationsvergessen lässt alles Faktische entfallen. Ihr Erinnern von Sein, dass sich im rationalen Diskurs aus Gegensätzen und Widersprüchen nährt, versöhnt die Entzweiung des Guten und des Bösen. Solches Vergessen von allem gemachten, uns im Dasein beschäftigenden und besetzenden, gegenständlich erkennbaren Seienden gibt ein (Wieder-) Erinnern über alles Seiende hinaus frei. Dieses (Wieder-) Erinnern ist immer auch ein Entdecken von Sein. Eine geistige Fixierung auf das gegenständliche Erkennen kann jenes (Wieder-) Erinnern überlagern, das Wahrheit hervorholt aus den unserem Ich-Bewusstsein transzendenten Bestimmungsgründen des Menschseins. Das erinnerungslose Vergessen in kontemplativer Gedankenlosigkeit ist ein Weg, der gegensätzlichste Spannungen in das übergegensätzliche Sein des Einen unreflektiert versenkt. Es schenkt reinigendes Vergessen des Widersprüchlichen, ohne das freilich kein Leben in seinen Daseinskämpfen atmet, im Bösen wie im Guten. Im mystischen Versenken erlöscht die geschichtliche Bewegung des Vergessens und Erinnerns. Es gilt und spricht das einigende, erlösende Eine als das Alles im Nichts und als das Nichts in Allem. Solche Kontemplation ist befreiend ungeschichtlich, aber nicht als Abseitssuche von der Welt, sondern als Kraftquelle für Aushalten und Gestalten von Weltwirklichkeit.[41] Die Entscheidung, was nicht zu erinnern und was nicht zu vergessen sei, ist zwar (vorrübergehend) abgenommen. Also auch die Entscheidung zwischen gut oder böse. Aber das mystische Denken kehrt sich letztlich nicht von der Welt ab, um vom geschichtsmächtigen Vergessen und Erinnern nichts mehr wissen zu wollen. Es nimmt das Weltdüster auf sich, reinigt Bewusstsein und Seele und ist erhellt, in die Welt und ihre Aufgaben hinein zu gehen und der Seinsuntreue oder einer pathologischen Treue im Dasein zu widerstehen.

An das Wissen, dass »die Erinnerung das die Bedeutung Wirkende ist« erinnert Dilthey.[42] Was kann bedeutender sein als verfolgte Menschen retten? Dass wir jedoch Bedeutendes vergessen, kann sowohl Schaden als auch Nutzen stiften. Das erstere wollen wir möglichst nicht erinnern. Man denke an das blockierte Schulderinnern, das sich bis zur Lüge versteift. Aber der Nutzen des Vergessens ist dem versagt, der das Vergessen da, wo es Not tut, nicht nutzt, in dem wir uns in Vergessenheit befreiend loslassen: von Enttäuschungen, von Groll, von Versagensfolgen. Wem verziehen ist, der darf auch vergessen, wenn das, was ihm verziehen wurde, sich in seiner Umkehr vom Bösen zum wiedererinnerten Guten auswirkt. Solche Umkehr schmerzt. »Nur was nicht aufhört, weh zu tun, bleibt in Erinnerung« (Nietzsche). Durch dieses Wehtun als Entreissen von Wahrheit aus dem Vergessen, ist »Erinnerung ein Zufluss von Einsicht, die uns abhanden kam«.[43] Denn wo das Viele in ein Vergessensein schwindet, da wird das Eine auch in seiner Verzauberung einer seiner selbstursprünglichen Schöpferkraft erinnerungsdeutlich stark und be-deutend. Wird vergessen, das Eine zu suchen, bleibt Es in der Zivilisation der dauerinstitutionalisierten Rationalität »entzaubert« (Max Weber). Dann wirkt sich das Viele erstickend aus für das furchtlose Erinnern zum Sein.

Wie ein Mensch in der Angst vor dem Schmerz des Vergessens ringen kann um Bewahrung in der Erinnerung lesen wir in diesem zarten japanischen Liebesgedicht von Idsimi Schikibu (um 1000 n. d. Ztr.):

Ich muss bald sterben
O lass mich einmal noch
dein Antlitz sehen,
dass ich es nicht vergesse
in jener Welt –

Das Gute

Was ist das Gute? Nicht nur ein vielerlei zweckmässiges Etwas an Gutem, das Dingen und Vorgängen, Absichten und Folgen anhängt, das in seiner Gutnützlichkeit auch entzweiend zwiespältig ist. Während das Gute nur gut sein kann[44] und nicht, wie Till Bastian in einem Buchuntertitel anzeigte, »banal«.[45] Eine »Banalität des Guten« wäre eine leere Umkehrungsanalogie der berühmten Wortprägung von Hannah Arendt. Als sie während des Prozesses in Jerusalem 1960 Eichmann in den Blick ihrer scharfen Beobachtung nahm und die Jämmerlichkeit seiner Gehorsamsunterwerfung erfasste, schrieb sie in Bezug auf ihn von der »Banalität des Bösen«. Später schrieb sie in einem Brief an einen ihrer schärfsten Kritiker: »Ich bin in der Tat heute der Meinung, dass das Böse immer nur extrem ist, aber niemals radikal, es hat keine Tiefe, auch keine Dämonie. Es kann die ganze Welt vernichten, gerade weil es wie ein Pilz an der Oberfläche weiterwuchert. Tief aber und radikal ist immer nur das Gute.«[46]

Wir können alles gutnützliche Etwas auflisten, als gewalttätig oder freundlich, listig oder wahrhaftig bewerten. Aber können wir das Gute suchen, wie einen Edelstein im Gebirge, wie Gold in einem Flussbett? Nein! So, nur aus Interesse und Anliegen selbsteigen, vermögen wir es nicht; es sei denn das Gute als reines Sein suche uns. Und wir seien bereit, uns von Ihm aufsuchen zu lassen und die »Betrachtung des Seienden und des Hellsten unter dem Seienden auszuhalten; dies aber ist wie wir behaupten, das Gute. Nicht wahr?«[47] – Für den Verfolgten ist (nur) ein Etwas an Gutem, von Hunger, Folter, Todesangst erlöst zu werden; sichere Verstecke sind ihm etwas Gutes. Oder nicht verraten zu werden. Für den Rettenden ist gut, Nahrung, Arbeit, Schutz zu beschaffen. Etwas Gutes ist ihm die Treue zu seiner humanitären Gesinnung. – Für beide ist etwas Gutes auch Mut, Umsicht und Besonnenheit, ja selbst List, Verstellung. Notlügen sind die Umkehrung ihres Bösen in ein Gutes.[48] Sie dienten oft der Rettung vor der Ermordung. Ein Mensch mag also viel Gutes haben und tun: Nützliches, Sittliches, religiös Ehrfürchtiges. Wenn er Leben rettet, ist seine Tat Teil des Guten! Aber das Gute an sich hat er deswegen doch nicht wie einen Besitz. Das Gute hat keiner als solches unverletzt und unentzweit. Es sei denn, Es schenke sich uns in den Ahndungen[49] eines Gottes, der Menschen so ergreift.

Dies bedeutet: das Nützlich-Gute soll im Rechten und Gerechten vernünftig, achtsam und entgegenkommend sein. Und nicht, das ist die Gefährdung des Guten, in die Verzweckung geraten, in ethischer Verbrämung im Schein des Compromising, des Interessenausgleiches einen Freibrief für den Mächtigen verstecken. Denn »das Böse im Menschen ist durch das Bild des Guten nicht zu tilgen.«[50] – Das sittlich Gute soll sich in Gebote und in moralische Regeln fassen lassen, die aber nicht um ihrer selbst willen starr zu behaupten sind. Sie verstehen sich als Fahrwasserbefeuerung durch Nacht und Nebel der immer auf Sinn und Form hin zu entwirrenden und zu gestaltenden Weltverhältnisse. Dem dient: »das sittlich Gute ist nur dem Menschen eigen. Von allen Wertungen des Guten als eines Angenehmen, Nützlichen, Brauchbaren ist es verschieden. Sittlich gut ist die Hingabe aus geistiger Zuwendung.«[51]

Wenn ich von einem Gutnützlichen als einen praktischen Begriff des Guten schreibe, im Unterschied zu einem moralischen Begriff des Guten: das Gutrechte; und einem ontologischen Begriff des Guten, dem platonischen Übersein; oder der unverletzlichen Heiligkeit des Gottessohnes Jesus Christus, dann ist eben das Gutnützliche – es wurde schon angesprochen, ich möchte es nur verdeutlichen – nicht festzulegen auf einen utilitaristischen Vorteil, noch dazu einen egomanischen, hedonistischen Vorteil. Gut ist solcher Nutzen nur in der ausgeglichenen Gegenseitigkeit nach der Goldenen Regel. Das Gutnützliche verfolgt als Ziel die gemeinsame Freude und als letzte Steigerung die Freundschaft in ihren wahrhaften Zuwendungen, ohne die ein glückliches Leben nicht gelingt und gesegnet ist. Ein Mensch kann, wenn er redlich zu sich selber ist und bleiben will, nicht rein um des Guten willen handeln. Dann verdrängt, verleugnet er, dass es keine Moral gibt, die die Vermischung von gut und böse existenziell wie durch einen geistigen Entschlussakt aufheben könnte. Gutes tun bedarf, um das Gute nicht vollständig zu verfehlen, weil Es sich der Absicht seiner Benutzung schützend entzieht, der läuternden Konflikte, in denen das Böse des Selbstbetruges mit dem Guten der Zuwendungskraft, auch verborgen, unbewusst und nicht nur reflektiert, ringt. Die menschliche Existenz ist immer ein geistiger Balanceakt in der Komplementarität von gut und/oder böse. Wenn ein Gutsein überwiegt, mindert es ein Bösesein. Und umgekehrt ... –

Das Gute an sich bedeutet und will in seinen erleuchtenden Ahndungen offenbaren: ein Gott schenkt dem Menschengeist Freiheit zur Liebe. »Alles Gute ist nützlich« liess Platon Sokrates sagen.[52] Aber Sokrates meinte nicht, wie heutzutage als Verbrauchermarkt verbreitet, dass alles Nützliche gut sei. Er meinte, alles Gute sei deswegen nützlich, weil es Sinn und Form schaffe, Schönheit, Gerechtigkeit, Tapferkeit und die Tugenden der Liebeszuwendungen; nicht zuletzt für eine Wohlordnung der Polis (des Staates), zu der beizutragen Jedermann verpflichtet sei. Diese Verpflichtung folgt dem Guten als einer Minderung, als einer Beherrschung des Bösen. So heilt Es seine, des Bösen Entzweiungen.[53] Aber kann das Gute wohl bewahrt bleiben und rein, wie abgelöst vom Lebensgrund? Nein! Denn im Dasein und in allen anderen Ebenen der Kommunikation erscheint uns das Gute immer nur erkennbar und handelbar nicht als solches, sondern als ein gutnützliches Etwas, aber in klarer Abgrenzung zum Bösen unter dem Willen des Imperativs der Goldenen Regel. Im Dasein ist ein Gutes die aus dem vegetativ-vitalen Untergrund abhebende Überlebenskraft, nicht ohne gemeine, heimliche, aber auch wieder notwendige Ichologie. In der Existenz ist letztlich gut die Unbedingtheit des Entschlusses, zum im Gewissen vernommenen Anruf aus der Transzendenz zu stehen; für ihn standzuhalten, wo das Widerwärtige und Lebensfeindliche droht. Im Geist ist ein Gutes die Zuwendungskraft einer sittlichen Einstellung, die beachtet und mit begegnender Wirklichkeit kommuniziert. Denn: »Alles wirkliche Leben ist Begegnung« (Martin Buber). Hier erweist sich der Geist als das gute Zentrumsorgan aller Liebe zum Seienden. Mit Vernunft aber wirkt das Gute die Einsicht, ohne die wir unser Böses oder Gutes in der Praxis der jeweiligen Daseinslagen nicht ausgleichend balancieren können.

Das Gute an sich ermächtigt sich auch zu einer Unverfügbarkeit des Lebens, nicht nur als sittliche und rechtsfähige Idee seiner Achtung, Bewahrung, seines Schutzes. Eines Seienden Sein ist, im Guten unberührbar, die je unwiederholbare Schöpfungstatsache. Wird aus seiner Unverfügbarkeit dagegen eine labortechnische Fortpflanzungsökonomie, eine Embryonen verbrauchende Verwertungsforschung, eine frauenwürdelose medizinische Fruchtbarkeitsindustrie, dann hat die profane Welt das Heilige gebrochen und sich - wie wir täglich in heutigen Gesellschaftsverhältnissen beobachten können - Seiner Vergeltung ausgeliefert.[54] Der grosse Gedanke Immanuel Kant's, den Menschen (und somit auch Samen- und Eigewebe) nicht als Mittel zu gebrauchen, sondern ihn als den geschenkten Zweck seiner Selbst zu achten, ist verworfen. Das unbedingt Gute in dieser Unverfügbarkeit der Lebensschöpfung wird seinsvergesslich versetzt in einen (leider auch) ausnutzbaren Spielraum zwischen Verantwortung und Verantwortungslosigkeit mit der unwiderstehlichen Fallkraft von gut zu böse.

Wenn das (Wieder-) Erinnern nicht im Guten dessen Tiefen auslotet, sondern sich ausflacht und das Bewusstsein allein auf den Erfolg mit nur Etwas an Gutnützlichem ausrichtet, weicht es der Seinsverwurzelung des Guten im Ganzen aus. Die Retter in Uniform wie auch die vielen zivilen Retter suchten keinen solchen Erfolg. Denn der Götze Erfolg kann so vor der Wahrheitsfrage eine Kategorie des Vergessens sein, die sich mit dem Ziel von etwas Gutem scheinbar als Erinnerung des Guten an sich tarnt. Natürlich dient die Angewiesenheit auf Erfolge, aber doch eingeschränkt, der berechtigten Daseinsbehauptung. Diese, in ihrem Hang zum Ausweichen, zum verstockten Steckenbleiben in Ehrgeiz, ja in einer Sucht nach Erfolgen, wird freilich auch von politischer Herrschaft, von Werbung und von der Ökonomie auf der Aufstiegsleiter sozialen Ansehens benutzt. Im Militär werden Tapferkeit und Führungserfolge mit Orden, Beförderungen und grosszügigen Donationen belohnt.[55] Die Leiden der Opfer sind vergessen! Solches Erfolgsstreben ist bar des Willens zum Guten. Und gut ist ohne Einschränkung allein ein guter Wille.[56] Denn dieser Wille, der vom Guten aufgerufen ist, er allein durchbricht die Ebene der zum Bösen hin anfälligen Erledigungen gewöhnlicher Daseinsbewältigung. Er enthebt das Ich seiner Eigensucht und wendet es zum anderen Du um. Es ist der Wille, der einen Menschen sein Dasein mit Leib, Seele und Geist über eine Wohlordnung moralisch hinaus drängt, der ihn aus dem Gottvergessen in das Vertrauen liebender Zuwendung führt. Auf diesem Leitstrahl des Zutrauens bezeugt er seinen Glauben: dass »das Gute nicht das Sein ist, sondern an Würde und Kraft noch über Sein hinausragt.«[57] Es wird erkennbar, indem Es durch einen Menschen hindurch wirklich wird, wenn er selber mitwirkt. Wirkt er nicht mit, gibt es nichts verheissenes Gutes.[58] Aber das Gute ist nicht schon unbedingt vor dieser Mitwirkung, sondern wird erst unbedingt durch sie.[59]

Gut ist das Vernünftige, aber nicht als abwägendes Auswahlinstrument des je nützlich Erscheinenden, sondern nur als das moralisch Rechte. Und das Rechte ist für Jeden gleich gerecht. – Gut ist ethisch der mit Geisteskraft begabte Wille, der sich dem Bösen entgegenstellt, der sich dem Gefälle einer Vergesslichkeit desselben nicht preisgibt. So handelten *Retter (auch) in Uniform*. – Gut ist metaphysisch das Erinnern der Gottnähe, die Erfahrung des Jesaja: »Hier bin ich ...«. Hier bin ich, der »Ewige im Jetzt«. [60] Oder wie Augustinus bekennt: »Ich würde höchstens Dich vor mir verbergen, und nimmer mich vor Dir.«[61] Dagegen sind wir im mannigfaltigen Gebrauch des Wortes gut gewohnt, es auf alles Nützliche anzuwenden. Aber für wen, ist da zu fragen, wenn nicht vor allem für uns selbst? Das Gutnützliche ist nicht das sittlich gewollte, moralisch entscheidbare Gute, das standhält, wenn das Böse uns anfällt. Wäre das Ganze unseres Seins oder in ihm nur ein Teil schon das Gute, wir würden in unserem Hang zum Bösen in der menschlichen Natur, trotz der Anlage zum Guten Es auch nicht achten und damit ver-nutzen wollen. »Alles, auch das Erhabenste, verkleinert sich unter den Händen der Menschen, wenn sie die Idee desselben zu ihrem Gebrauch verwenden.«[62] Wer aber das Gute nicht vergisst und sich der Gefährdung in die Verkehrungen seines verbrauchenden Gebrauches widersetzt: erinnert er sich nicht auch des Bösen und vergisst er deshalb das Gute im Erschrecken vor seinen Gefährdungen nicht? Erinnern des Guten ist unerlässlich für ein von Selbstachtung und Aufrichtigkeit geleitetes Leben, wie auch Erinnern des Bösen. Denn das Böse reisst uns den Sinn guter Werte auf und verfremdet sie in eine zweckbestimmte Nutzung. Indem einer das Gute vergisst durch Etwas von ihm nicht verwirklichtes Gut, vergisst er auch das daran nagende Böse. Und umgekehrt! In dieser zirkulären Komplementarität kreisen wir zeitlebens, einsam wie auch gemeinsam. So kreist es auch komplementär im Gedächtnis, dass »Jedes bewusste Erinnern von der Fähigkeit zum Vergessen begleitet ist .... Wir müssen uns deshalb vor Augen halten, dass die grenzenlose Kraft des Gedächtnisses seiner Fähigkeit des Aufdeckens und Verbergens zu danken ist.«[63]

Was hat das alles mit den Rettern in Uniform zu tun, deren Taten wir erinnern und die wir damit dem Vergessen entziehen? Waren sie damals mitten im Krieg in ihrer jeweiligen Einsatzlage noch begünstigt, über so etwas wie Erinnern und Vergessen des Guten und des Bösen nachzudenken? Dazu über den Feind des Guten, die Gedankenlosigkeit, auch die zeitweilig eigene? Und wenn nicht darüber zu grübeln, weil u.U. die soldatischen Einsatzverhältnisse es gar nicht aufkommen lassen konnten, dann doch bei aufrüttelnder Gelegenheit mit Geist und Seele zu erfassen, was ihnen hier mit den Hilferufen von Elenden zugerufen und angefragt wurde? Nämlich eine Antwort zu schaffen auf die Frage: Gibt es das Gute überhaupt? Die Retter bewiesen es! Durch einen Retter, gleich unter welchen Umständen und aus welchen Motiven, bricht das Gute hervor in das Licht dieser seiner Tat, bricht hervor »einer Morgenröte gleich«. Sie ist nicht nur ihm selbst zuzuschreiben und den die Tat begünstigenden Umständen. Sondern das Gute ist aus der Vergessenheit aufgestiegen in sein Erinnern. Es ist gleichgültig, ob der Gerettete selbst wie auch sein Retter ein guter oder (wie man sagt) ein böser Mensch ist. Alle hängen mit ihrem Verbergen und Aufdecken, mit ihrem Bösen und Guten vermischt an Gottes Zipfel, der selbst aus Seinem Schweigen noch hervor schwingt. Der Retter, der trotz uniformierter Zwänge Menschen rettete: mit ihnen zusammen rettete er auch für sich und seine Selbstachtung die unvergängliche, durch nichts und keinen Terror zu vernichtende Wahrheit des Guten. Ihm ist zugesagt: » ...und deine Gerechtigkeit wird vor dir hergehen, und die Herrlichkeit des Herrn wird dich zu sich nehmen.«[64]

Anmerkungen

1 Beide Bücher hrsg. von Wolfram Wette, Frankfurt 2002 und 2004; Teil I und II dieses Essay erschienen darin als gekürzte Fassungen.

2 Von einem der Retter, dem ehemlg. Major d.R. Karl Plagge, vernehmen wir es so in einem Brief vom 20.2.1948 an den von ihm in Wilna geretteten Herrn Greisdorf: »Was ich Ihnen und Ihren Freunden tun konnte und durfte, war nicht nur eine Selbstverständlichkeit zu der jeder fühlende Mensch gegenüber seinem in Not befindlichen Mitmenschen verpflichtet ist, sondern noch viel zu wenig gemessen an der entsetzlichen Lage, in der Sie sich damals befanden. Eines Dankes bedarf es da nicht.« (s. Beitrag von Marianne Viefhaus Für eine Gemeinschaft der Einsamen unter ihren Völkern Major Karl Plagge und der Heereskraftfahrzeugpark 562 in Wilna).

3 Kant Die Religion innerhalb der Grenzen der blossen Vernunft, Erstes Stück, II. Abschnitt.

4 Jesaja 5,20.

5 Bsp. Major Karl Plagge, H.K.P. 562 Wilna; Feldwebel Hugo Armann, Bahnhofswache Baranovici; Haupttruppführer OT Willi Ahrem, Nemirov.

6 Siehe Beitrag Kim Priemel Wirtschaftskrieg und *Arbeitsjuden* in Zivilcourage... (Anm. 1 a.a.O.); siehe dazu auch die kühnen Befreiungen aus dem tödlichen Lukiskis Gefängnis in Wilna durch Major Plagge, Oberzahlmeister Schönbrunner und Feldwebel Schmid in Abschnitt IV a.a.O.

7 Augustinus Confessioness, Zehntes Buch, XXIII, 33.

8 Auf eine psychologische Untersuchung meiner Fragestellungen habe ich mich im Rahmen der vorwiegend philosophischen Betrachtungen dieses

nicht wissenschaftlich gehaltenen Essays nicht einlassen wollen und können. Das heisst nicht, die Bedeutung differenzierter psychologischer Durchdringungen und Erhebungen der komplexen seelischen Motive und Ursachen zu negieren. Im Kurzen gebe ich dazu folgende Werke (mit weiteren Bibliografien) an: Aleida Assmann, Dietrich Harth (Hg) Mnemosyne - Formen und Funktionen der kulturellen Erinnerung, Frankfurt 1991. Erich Fromm Anatomie der menschlichen Destruktivität, Stuttgart 1974. Arno Gruen Der Verlust des Mitgefühls Über die Politik der Gleichgültigkeit, München 1997. Arno Gruen Der Fremde in uns, München 2002.

9 Hierzu mein Beitrag Hauptmann Wilm Hosenfeld Retter in Warschau, in Wolfram Wette (Hg.) Retter in Uniform, Frankfurt 2002.

10 Jeremia 2,29 u. vgl. Psalm 53,4: »Aber sie sind alle abgefallen und allesamt untüchtig; da ist keiner, der Gutes tue, auch nicht einer.«.

11 Psalm 77,10.

12 Anm. 9 a.a.O., Tgb. 26.9.1942 Nachl. Wilm Hosenfeld.

13 Siehe dazu auch Hans-Georg Gadamer Wahrheit und Methode, Tübingen 1975, S. 13 und Anm. 1 F. Nietzsche, Unzeitgemässe Betrachtungen, zweites Stück, 1.

14 Psalm 50,22.

15 Dazu ist überliefert: »Der jüdische Schriftsteller Purpur, den er in seiner Dienstwohnung versteckte, fragte ihn einmal: »Setzen Sie Ihr Leben nicht leichtsinnig aufs Spiel?« »Krepieren«, antwortete Schmid, »muss jeder. Wenn ich aber wählen kann, ob ich als Mörder oder als Helfender krepieren soll, dann wähle ich den Tod als Helfer.« Und aus seinem Abschiedsbrief an seine Frau die Schilderung seiner Motivlage: »Aber eines bitte ich Dich:

bleibe stark, wenn Du weiterliest. Es ist leider so, bin zum Tode verurteilt vom Kriegsgericht in Wilna. (...) Man kann nichts dagegen machen als ein Gnadengesuch (...) glaube aber, dass es abgewiesen wird, da bis jetzt alle abgewiesen wurden. Aber, meine Lieben, darum Kopf hoch. Ich habe mich damit abgefunden, und das Schicksal wollte es so. Es ist von oben, unserem lieben Gott bestimmt, daran lässt sich nichts ändern. Ich bin heute so ruhig, dass ich es selber nicht glauben kann, aber unser lieber Gott hat das so gewollt und mich so stark gemacht. Hoffe, dass Er Euch ebenso stark macht wie mich. Will Dir noch mitteilen, wie das Ganze kam. Hier waren sehr viele Juden, die vom litauischen Militär zusammengetrieben und auf einer Wiese ausserhalb der Stadt erschossen wurden, immer so 2-3000 Menschen. Die Kinder haben sie auf dem Wege gleich an die Bäume angeschlagen usw., kannst Dir ja denken. Ich musste, was ich nicht wollte, die Versprengtensammelstelle übernehmen, wo 140 Juden arbeiteten. Die baten mich, ich soll sie von hier wegbringen (...) Da liess ich mich überreden. Du weisst ja, wie mir ist, mit meinem weichen Herz. Ich konnte nicht denken, und half ihnen, was schlecht war, von Gerichts wegen. Denke Dir, meine liebe Stefi und Gertha, dass es ein harter Schlag ist für uns, aber bitte, bitte verzeiht mir. Ich habe nur als Mensch gehandelt und wollte ja niemandem wehtun. Wenn Ihr, meine Lieben, das Schreiben in Euren Händen habt, dann bin ich nicht mehr auf Erden. Werde Euch auch nicht mehr schreiben können, aber seid sicher, dass wir uns wiedersehen in einer besseren Welt bei unserem lieben Gott (...).« Am 13. April 1942, dem Tage seiner Hinrichtung, konnte Schmid einen letzten Brief an seine Frau schreiben: »Meine liebe Steffi! (...) Ich konnte nichts ändern, sonst hätte ich Dir und Grete alles erspart. Ich habe ja nur Menschen, obwohl Juden, gerettet von dem, was mich ereilt, und das war mein Tod. So wie ich im Leben alles für andere geopfert (...)«. Siehe: Arno Lustiger Feldwebel Anton Schmid F.A.Z. 3.6.2000, Wolfram Wette Lieber als Helfer krepieren Die Zeit Nr. 19, 4.5.2000.

16 Der Begriff »Rettungswiderstand« wurde geprägt von Arno Lustiger.

17 Hegel Encyclopädie, Vorrede 2. Ausgabe.

18 Ein immer noch geheimnisvolles Beispiel ist Kurt Gerstein, siehe F.A.Z. 3.6.2002 Bericht von der Zwiespältigkeit des Bösen, Saul Friedländer Kurt Gerstein oder die Zwiespältigkeit des Guten, Gütersloh 1968, S. 193-196, Pierre Joffroy Der Spion Gottes - Kurt Gerstein ein SS-Offizier im Widerstand, Berlin 1995.

19 Über Gleichgültigkeit erzeugende Gedankenlosigkeit und Dummheit siehe: Dirk Heinrichs Vom Vergessen des Bösen in Fallkraft der Feigheit, Stuttgart 1998, S. 159 ff.

20 Siehe: Schöne Zeiten Judenmord aus der Sicht der Täter und Gaffer, Frankfurt 1988.

21 Siehe: Till Bastian Zivilcourage, Hamburg 1996, S. 54 ff.

22 Hermann Broch Die Schuldlosen, Frankfurt 1974, S. 211: »Auf die Schaffung friedlicher Zwischenzonen inmitten der Höllischen kommt es an, auf sonst nichts.«.

23 Aleida Assmann, Dietrich Harth (Hg.) Mnemosyne, Siegfried J. Schmidt S. 378 Gedächtnis-Erzählen-Identität, Frankfurt 1991.

24 NZZ 5.9.2002 Ein Protein für das Vergessen.

25 Christopher Browning Ganz normale Männer Das Reserve-Polizeibataillon 101 und die *Endlösung* in Polen, Hamburg 1993. Harald Welzer: Täter - Wie aus ganz normalen Menschen Massenmörder wer-

den, Frankfurt 2006. Gerhard Paul (Hrsg.): Die Täter der Shoah - fanatische Nationalsozialisten oder ganz normale Deutsche?, Göttingen 2002. .

26 Erich Fromm Haben und Sein, Stuttgart 1976, S. 40.

27 Schelling Sämtliche Werke Bd. IV, Stuttgart 1858.

28 Augustinus Confessiones Zehntes Buch, u.a.a.O. Anm. 23 Silvia Ferretti Zur Ontologie der Erinnerung in Augustinus Confessiones.

29 Siehe dazu auch: Hans Jonas Der Gottesbegriff nach Auschwitz, Frankfurt 1987, S. 41/42. Ferner: Wolfgang Huber Allmacht und Ohnmacht Die Gottesfrage nach Auschwitz, Vortrag Hessischer Rundfunk 4.10.1988. Birte Petersen Theologie nach Auschwitz?, Berlin 1996. Willi Oelmüller - Hg. Theodizee - Gott vor Gericht?, München 1990.

30 Dorothee Sölle schrieb einmal: »... wir sollen selber leben lernen, indem wir das Menschliche und die ihm eigene Entfremdung nicht als ein Gott Fremdes, sondern als eine Weise seines Bei-uns-Seins verstehen...« - Dies hiesse allerdings auch verstehen, wie dieser Gott sich untätig gegen das Böse und mit Schweigen sich vergessend macht. Jedoch die Nachfolgenden des gewaltfreien Jesus Christus erinnern sich durch ihn dieses Bei-uns-Seins und sind vom Heiligen Geist ergriffen tätig - wie es Retter waren als auf einem Stück des unendlichen Weges zum Reich Gottes. siehe: Dorothee Sölle Stellvertretung - Ein Kapitel Theologie nach dem Tode Gottes, Stuttgart 1965.

31 Aristoteles Topik, Siebentes Buch 153^{b} 27, Platon Symposion 208^{a}, Philebos 52^{a} .

32 Dazu als Beispiel: Lass mich vergessen - Gespräch Wladyslaw und Andrzey Szpilman - Deutsches Allgemeines Sonntagsblatt Nr. 10, 6.3.1998. Ferner: Prentice Mulford Unfug des Lebens und des

Sterbens S. 207 ff. Die hohe Kunst des Vergessen, Frankfurt 2001.

33 Dazu gehört auch die Sprachverstümmelung und platte Wortentleerung. Siehe: Wörterbuch der Unmenschen in Die Wandlung 1. Jhrg. 1945/46, 9. Heft.

34 Altes Testament 2. Chronik 15,2.

35 Hierzu ergänzend: Augustinus Confessiones Zehntes Buch XVI 24.

36 Paul Tillich Das Ewige im Jetzt, Stuttgart 1964, S. 22 -Vergessen und Vergessen werden-.

37 Hannah Arendt: Wahrheit & Lüge in der Politik, München 1972. Organisierte Schuld in Die Wandlung, 1. Jhrg. 1945/46, 4. Heft.

38 Erlass vom 13.5.1941 Abschnitt II in Gerd R. Ueberschär (Hg.) NS-Verbrechen und der militärische Widerstand gegen Hitler, Darmstadt 2000, S. 164.

39 Die Geschichten im Buch Zivilcourage - hrsg. von Wolfram Wette, Frankfurt 2003 - belegen, an welche Vorbilder ich hier denke. Dazu zählen auch die im Buch Retter in Uniform, s. a.a.O. Anm. 9.

40 Siehe a.a.O. Anm. 38, S. 5.

41 Dorothee Sölle Mystik und Widerstand, Hamburg 1998, Willigis Jäger Die Welle ist das Meer, Freiburg 2000.

42 Zeitschr. f. Philos. Forschg. 3/80.

43 Platon Leges 732 BC.

44 Leibnitz schrieb: »Das Gute kann gehen und geht in das Unendliche, während das Ueble seine Grenzen hat.« G. W. Leibnitz Die Theodicee Anhang I.

45 Till Bastian: Zivilcourage - Von der Banalität des Guten, Hamburg 1996, siehe auch: Enrico Diaglio Die Banalität des Guten, Frankfurt 1994.

46 Brief an Gershom Scholem 20.7.1963 in: Hannah Arendt Ich will verstehen S. 36.

47 Platon: Res publica, Siebentes Buch 518c.

48 Bsp. in: a.a.O. Anm. 9 u.a. Lütgemeyer-Davin Luftwaffenfeldwebel und Baurat Karl Laabs S. 157ff.

49 Eine Erklärung zu diesem selten so geäusserten, verlorenen Wort: Menschen ahnden zwar strafrechtlich Untaten. Gott aber ahndet uns, - er verfolgt uns, er ergreift uns, er vergilt und weckt uns auf. Von IHM haben wir durch Offenbarung eine Ahnung. Ich Mensch ahne IHN, weil er mich so ahndet, so ergreift.

50 Siehe: Marcel Müller-Wieland Ethik heute, Hildesheim 2001, S. 44/45.

51 Marcel Müller-Wieland a.a.O. S. 38.

52 Platon Menon 87 E - dazu ergänzend Platon Gorgias 506[d] und: Jan Rohls Geschichte der Ethik -, Tübingen 1999, S. 46-51.

53 Am Anfang des platonischen Dialoges Philebos sagt Sokrates: »Philebos also behauptet, gut für alle Geschäfte sei die Lust und das Vergnügen und die Freude und was sonst noch zu dieser Klasse von Begriffen gehört. Dem entgegen geht meine Behauptung dahin, nicht dieses, sondern Einsicht, Denken, Erinnerung und was damit verwandt ist, nämlich richtige Meinung und wahrheitsgemässe Überlegungen seien für alle Geschöpfe, die die Anlage zu solcher Betätigung besitzen, gewiss besser und erspriesslicher als die Lust; für alle, die diese Fähigkeit besitzen, die jetzt Lebenden wie die Zukünftigen, sei dies das weitaus Nützlichste. Ist dies nicht, mein Philebos, der Sinn unserer beiderseitigen Behauptungen?«.

54 Dirk Heinrichs Den Krieg entehren, sind Soldaten potentielle Mörder?, Stuttgart 1996, S. 99. Dazu: Leszek Kolakowski, Vortrag in Genf 1975 Die Revanche der Heiligen an der profanen Natur. Ferner: AT 94. Psalm .

55 Gerd R. Üeberschär/Winfried Vogel Dienen und Verdienen Hitlers Geschenke an seine Eliten, Frankfurt 1999.
56 Kant Grundlegung der Metaphysik der Sitten, 393.
57 Platon Res publica 509 B.
58 Jesaja 58.
59 Karl Jaspers Die Wandlung 1. Jhrg. 8. Heft, 676 Das Unbedingte des Guten und das Böse.
60 Paul Tillich Das Ewige im Jetzt, Stuttgart 1964.
61 Augustinus Confessiones Zehntes Buch, II 2.
62 Kant a.a.O. Anm. 3 Vorrede 1. Ausg.
63 Siehe Anm. 28 a.a.O. Silvia Feretti: Zur Ontologie der Erinnerung in Augustinus Confessiones (Zehntes Buch) in Mnemosyne a.a.O. Anm. 23, S. 361 u. 358.
64 Jesaja Kapitel 58, 8/9.

III. Traktat über die Unstillbarkeit des Fragens nach dem Guten

Vorwort

Nicht artig

Man ist ja von Natur kein Engel,
Vielmehr ein Welt- und Menschenkind,
Und rings umher ist ein Gedrängel
Von solchen, die dasselbe sind.
In diesem Reich geborner Flegel,
Wer könnte sich des Lebens freun,
Würd es versäumt, schon früh die Regel
Der Rücksicht kräftig einzubläun.
Es saust der Stock, es schwirrt die Rute.
Du darfst nicht zeigen, was du bist.
Wie schad, oh Mensch, dass dir das Gute
Im Grunde so zuwider ist.

Wilhelm Busch

Das Gute ist wie das Wasser,
das an niedersten Orten
niemand will.

Laotse

Einleitung

Ist es erlaubt, nachdem schon Platon in Abrede stellte,[1] dass es eine vollkommene Wissenschaft des Guten gäbe, nach dem gleichwohl jeder Mensch strebe, die Frage wieder zu stellen: was das Gute, das eigentliche wesenhafte sei? Und nicht (nur), was (relativ) gut sei? Erregt diese schlichte Frage, zumal mitten in den Zerstreuungen der Erlebnis- und Spassgesellschaft, oder wenn man es anders herum sieht: mitten in den wirren Zeiten nach einem *Jahrhundert der Wölfe*, einem *Jahrhundert des Todes*, – erregt so zu fragen nicht lediglich ein ironisches, ein mitleidiges Lächeln? Wie kann nach dem, was als solches im handelbaren Stück gar nicht machbar ist, überhaupt noch gefragt werden? Ist es schon eine verloren gegangene Frage? Und dies dazu in einem Zusammenhang von »Vergessen und Erinnern des Guten«?[2]

Für Alle, die sich ob meines unstillbaren Fragens vielleicht auch kopfschüttelnd verwundern, ja zur Verteidigung ihrer Gleichgültigkeit (Indifferenz) entrüsten über diesen alten abgetanen ethisch-moralischen Kram – zitiere ich Hans Jonas aus seinem Buch »Das Prinzip der Verantwortung«:

»In unserem Gegendiktum meint das *Können*: die kausalen Wirkungen in die Welt entlassen, die dann das Soll unserer Verantwortung konfrontieren. Wenn mit diesen Wirkungen die Bedingungen des Daseins überhaupt auf dem Spiele stehen, dann könnte es sein, dass für eine Weile das höhere Streben nach Vollkommenheit, nach dem besten Leben, ja auch nur nach dem *guten Willen* (Kant) in der Ethik zurücktreten muss hinter die vulgäreren Pflichten, die unsere ebenso vulgäre Kausalität in der Welt uns auferlegt. Niemand kann im Augenblick sagen, ob Platons Weg nicht einmal für künftige Menschen wieder gangbar wird, und es muss offen bleiben, ob er nicht der Wahrheit des Seins mehr entspricht als der unsere.

Vorläufig *hat* uns die horizontale Dynamik, die wir selber entfesselt haben. Auch der Verdacht, es könnte das, was ich die Abschaffung der Transzendenz nannte, vielleicht der kolossalste Irrtum der Geschichte gewesen sein, suspendiert uns nicht davon, dass derzeit und bis auf weiteres die Verantwortung für das, was einmal im Gange ist und von uns selbst in Gang gehalten wird, an erster Stelle kommt.«[3]

Was also, in den Indifferentismus hinein weitergefragt wäre das Gute in einer Zeit, für die Bewegung, Veränderung, Ausdehnung alles ist, die eine zerrissene Totalität aushält, die die Entzweiungen in Bewusstsein und Existenz, - die eine dingliche Realität und eine subjektive Willensfreiheit, - die Sein und Sollen, Welt und Ich, Vernunft und Verstand nicht mehr in Sinn und Form zusammenfügt? Mein unstillbares Fragen entspringt auch aus dem faszinierenden Mysterium der Differenz zwischen dem Guten an sich und (nur) Etwas an Gutem unter dem gewinnenden, aber zugleich verfremdenden Diktum von Zwecken, willkürlichen wie notwendigen, positiven wie negativen in der Auswirkung. Ein solches Fragen gleichsam quer und entgegen dieser Erfahrung will mit seiner Unstillbarkeit den Fragenden nach einem unwandelbar Beständigen wie der Idee des wesenhaften Guten retten aus dem wegspülenden Fluss der Zeit, dem alle Zwecke und mit ihnen ihr handelndes Subjekt in der Anfälligkeit für Kontingenzen resistenzlos unterliegen. Was immer ihnen an Gutem oder Bösen anhaften mag, sie sind auf Gedeih und Verderb der »horizontalen Dynamik« ausgesetzt, »die wir selber entfesselt haben«. Und ich füge hinzu, dass sich keiner, was immer er komplementär ersehnen, ja wesenslebendig verfolgen und gestalten mag, dieser Dynamik vollständig entziehen kann.

Aus der Positivität der Entzweiung - wie Kant und Hegel sie verstanden und durchdacht haben, weil Gegensätze aufeinander zu beziehen das Bewusstsein, ja die Fähigkeiten von Freiheit hervorbringen, - daraus ist Zerbrochenheit geworden. Zwar wird in dieser Zerbrochenheit auch die Kostbarkeit der Freiheit erst wieder sichtbar. Der Wille, individuell, sozial, politisch um sie zu ringen erwacht. Aber gegenwärtig ist ein solcher Aufbruch noch schwach. Wir treiben, - wir wirken kaum mehr standfest in den um ihre kreative Abstimmung aufeinander ringenden An-Brüchen der Entzweiung. Das Vertrauen in ein Bemühen scheint zerstört, wenn nicht mindest blockiert, die bestürzenden Durchbrüche in nicht mehr lenkbaren Krisen noch aufzufangen und zu wenden in gerechte Wohlordnungen einer verantwortbare Betätigung fordernden und öffnenden, aber auch Schutz bietenden Gesellschaft wie deren staatlicher Organisation. Stattdessen funktionieren die in schierer Daseinsbewältigung mobilisierten Verbrauchermassen auf dem je historischen Schuldschutt unbewältigter Vergangenheiten oder im Schlepp der see-lenverschüttenden Häufelung des Umsatzmülls. Den verkrümelnden Zerbrechungen in die Unübersichtlichkeit und Undurchschaubarkeit stemmt der besorgte kritische Geist seine reklamierende Hoffung auf eine moralische und tatkräftige Wende aus Verantwortung jedes Einzelnen entgegen, leider vor allem deklamatorisch und politisch-populistisch. Daher im Grossen und Ganzen vergebens! Die Komplexitätswucherungen überlagern und unterdrücken, was im Einzelnen individuell guten Willens ist. Es geht ein Wahn des Zerbrechens um auch aller erfüllter Augenblicklichkeit im Funkeln von *Gottes Zeit* als der *allerbesten Zeit* (J. S. Bach). So wird störungssüchtig Gutes ausgewechselt gegen das Opportune. Erst wo ein Scherbensammler seine Meditationen sinnt, setzt die Erinnerungsfrage ein, die auch ich, ein Zeitgenosse, ein geschlagener, aber geretteter zu stellen wagt, sich und denen, die ihm begegnen: Was ist und wo und wie denn das Gute? Und wie ist in den störungsfreien Lücken, die noch gelassen sind oder mühsam erübt werden, ein Gutsein zu leben, zu denken, zu wirken? Denn: »Die Probleme, die es in der Welt gibt, sind nicht mit der gleichen Denkweise zu lösen, die sie erzeugt hat.« (Albert Einstein).

Schon nur im Fragen danach wird uns des Guten Unentbehrlichkeit bewusst. Mit dem Versuch, Es zu finden, vielmehr sich bereitwillig von Ihm in Ahndungen ergreifen, - Es sich wieder zu eigen sein zu lassen als Nährung für Sein und Sollen in der Vergänglichkeit der Vernunft und vor der Unausweichlichkeit des Todes, - damit befasst sich zwischendurch mystische Kontemplation mit ihren Übungen der Komplexitätsreduktion zur befreienden Entleerung des Bewusstseins, auch von allem darin abgelagerten, verstockenden Bruch. Denn mit der Komplexitätswucherung unserer horizontal dynamischen Daseinsorganisationen mehrt sich das Vergessen des Guten. Die Erinnerungsfähigkeit eines entlasteten Gedächtnisses aber wird durch Komplexitätsreduktionen des Bewusstseins im Geiste frei, das Gute zu erschauen. Und Es dann auch wirkungsmächtig, als Liebe kommuniziert und zum Friedenshandeln transponiert, in das individuelle und gesellschaftliche Vorkommen als ein sich zuwendendes Füreinander heimzuholen dahin, wo Gutes - als Etwas vom Guten an sich - durch die jeweilige Situation bedingt, praktisch hingehört. Nämlich nicht in eine abseitige Transzendenz gehört es jenseits versetzt, ja umträumt, sondern in die jeweiligen Weltverhältnisse diesseits der Grenze unseres denkenden Bewusstseins. Durch die Erfahrung der Zerbrechungen wird dieses erkennende Bewusstsein angeregt, sich über den Verlust an Freiheit klar zu werden. Dadurch kann der Wille zur Wahrung ihrer Würde neu erwachen. Und die Bereitschaft, gegen ihre Bedrohungen anzukämpfen, auch wenn keiner aus Freiheit allein rein wird. Bei solchem totalem Bestreben unterliegt sie! Sie hat ihre Entscheidungen immer zu klären in der Bifurkation zum Bösen oder zum Guten; es sei denn - wie Augustinus dachte - das Gute überwiege durch Gnade. Das Gute - in Umkehrung von Augustinus Definition des Bösen - ist das was nicht schadet; das was die Handlungsfreiheit aus der Verkehrung zum Bösen (Kant) heraushebt und den danieder ziehenden Willen von seiner Hinwendung, seinem dunklen Hang zum Bösen in das Licht der Begnadung befreit. - Es ereignet sich, wenn die Unmittelbarkeit heiliger Gnade, - menschlich unabweisbar, - auf den niederziehenden Hang zum Bösen trifft, seine teuflische Unentbehrlichkeit im Dasein unterbricht und überwältigt, sein Gefälle aufhebt durch ein zielgenaues Wohltun und Gutsein.

Der überhaupt nicht bekagenswerte (praktische) Mangel einer vollkommenen und damit auch benutzbaren, technisierbaren Wissenschaft des Guten schützt das Gute an sich vor seinem Verbrauch, vor einer gänzlichen Verkehrung in das Böse. Er schliesst jedoch nicht aus, vielmehr fordert weiter zu fragen: was denn (wenigstens) nur gut sei? Was denn die vielen guten Setzlinge des Guten im Einzelnen seien, die aus verständiger Einsicht und in der Liebeskraft zu allem Seienden unserem Handeln übergeben, überantwortet sind? Ohne die kein Mensch geboren wird, damit ein Anfang sei, wie Augustinus sagte, ein Sein aus dem Gottes-Übersein des Guten (Initium ut esset, creatus est homo = Der Mensch wurde geschaffen damit ein Anfang sei). - Das Gute ist nach Platon eine Erkenntnis, durch welche erst das Gerechte und alles was sonst Gebrauch von ihr macht, nützlich und heilsam ist.[4] Eben dies Nützliche und Glückliche hatte auch Aristoteles angesprochen. Er schrieb: »Dann ist das Gute für den Menschen die Tätigkeit der Seele auf Grund ihrer besonderen Befähigung, und wenn es mehrere solche Befähigungen gibt, nach der besten und vollkommensten; und dies auch noch ein volles Leben hindurch ...«[5] Im Anschluss an Aristoteles denkt dann unser Zeitgenosse John Rawls nur daseinspragmatisch: »Das Gute ist die Befriedigung vernünftiger Bedürfnisse.« »Das Gute als das Vernünftige«.[6] Aber das Gute nur praktisch handhabbar zu begreifen, ist zu wenig. Auch wenn Auswahl und Ausrichtung vernünftiger Grundbedürfnisse unter die einfache Regel der Fairness in der Kongruenz von Gutem und Gerechten gesetzt ist. Denn es bleibt die Frage offen, von was sich Mass und Form »abwägender Vernunft« bei einer vernünftigen Befriedigung der Bedürfnisse nährt, insbesondere wenn diese keine Grundbedürfnisse, sondern sich bis in Erfüllungsleere, ja Ekel hinein steigernde Wunschspiralen sind, angeschlossen an die ökonomischen Dauerbrennapparaturen der Verbrauchergefälligkeiten. Aber wird ein Mensch, dem die völlige Befriedigung aller seiner vernünftigen Bedürfnisse (Wünsche) gelingt, darum ein guter Mensch? Ist es überhaupt, wie Rawls erregend fragt, für einen Menschen etwas Gutes, ein guter Mensch zu sein? Er konstatiert: »Jedenfalls unter manchen Umständen, etwa in einer wohlgeordneten oder fast gerechten Gesellschaft, ist es nach meiner Auffassung tatsächlich etwas Gutes, ein guter Mensch zu sein.« – Wie man ein guter Mensch ist, dazu hatte sich schon Aristoteles geäussert in seiner Tugend- und Glückseligkeitslehre.[7] Oder wie es Hans Jonas sokratisch ausgedrückt hat: »Der gute Mensch ist nicht der, der sich gut gemacht hat, sondern der, der das Gute um seinetwillen getan hat. Das Gute aber ist die Sache in der Welt, ja die Sache der Welt. Moralität kann nie sich selber zum Ziel haben.« Der strenge Gedanke Kant's hierzu liest sich wie folgt: »bei dem, was moralisch gut sein soll, ist es nicht genug, dass es dem sittlichen Gesetze gemäß sei, sondern es muss auch um desselben willen geschehen; wichtigenfalls ist jene Gemässheit nur sehr zufällig und misslich, weil der unsittliche Grund zwar dann und wann gesetzmässige, mehrmals aber gesetzwidrige Handlungen hervorbringen wird.«[8]

Mich reizt die Antwort John Rawls zu einer anderen Überlegung. Abgesehen von den fragwürdigen Möglichkeiten unter gegenwärtig vorherrschenden, instabilen Gesellschafts- und Staatsverhältnissen und dazu ihren unvereinbaren, aber zu achtenden Unterschieden im globalen Masstab, sage ich zu der Frage, ob es begehrenswert und möglich wäre, ein guter Mensch zu sein, dieses: wäre ein Mensch tatsächlich in allen Bedürfnissen vernünftig erfüllt und abgesättigt, - so wäre er ohne Böses und ohne immer noch mehr bezwecktes Gutes - was immer man gefällig darunter verstehe. Damit wäre er ohne derselben Entzweiung, ohne deren kreativ Positives. Folglich ist es weder möglich noch erstrebenswert, nur ein guter Mensch zu sein; zumal einer, der nur gut und damit ohne Böses wäre; also auch ohne selbsterkennendes Gewissen, und somit von allen Antriebsreibungen dispensiert. Aus allem Guten, was ein Mensch gut tun kann und total gut auch täte, wird noch kein guter Mensch, gut als solcher. Denn »Anders als in teleologischen Theorien ist etwas nur dann gut, wenn es zu Lebensformen passt, die mit den bereits vorhandenen Grundsätzen des Rechten übereinstimmen. Doch zur Aufstellung dieser Grundsätze muss man sich auf einen Begriff des Guten stützen.«[9] - Frage ich demnach, was das Eine, das wesenhafte Gute sei ..., - frage ich entgegen seiner diskursiven Unfassbarkeit nach den dem Menschen zugänglichen Setzlingen[10] des Guten an sich; frage nach dem, was in vielerlei Weise gut ist; wenn auch nicht nur gut als situations- und nutzenbedingte Hilfe zur praktischen Daseinsbewältigung, und ohne ein sich quälendes Gewissen; sowie ohne sinnentleerende Dauerüberholung immer weiterer Wünsche, die sich der Kauflust als Bedürfnisse reklamieren. Ich frage nach dem, was gut ist trotz oder gerade wegen aller moralischen, ethischen Ambivalenzen, wie sie sich im Vergessen und Erinnern des Guten und (oder) des Bösen persönlich wie auch geschichtlich niederschlagen. Erkenntnis und Wahrheit sind beide verwandt mit dem Guten. Aber: »sie, sei es nun die eine oder die andere für das Gute selbst zu halten, ist nicht recht, vielmehr steht das Gute selbst in seinem ganzen Verhältnis nach auf einer höheren Stufe ...«[11] Denn: »das Gute ist nicht das Sein, sondern an Würde und Kraft ragt es noch über das Sein hinaus.«[12] - Es schenkt Sein.[13] Es ist das Gute an sich, das nicht sokratisch vom Begriff suchenden Denken hervorgebracht, sondern dem Bewusstsein existentiell als ein Urgewisses gegeben, geoffenbart wird, damit es dieses in den zu verwirklichenden Bedingtheiten des Wahren, Guten und Schönen daseinspragmatisch transferiere, - in ein Etwas Gutes. Es gibt identisch kaum Erleuchtungen des Guten an sich, sondern immer nur ein Erleuchtetsein für Etwas Gutes bedingt, ja auf einer so erhellten Spur genau und bestimmt in Grenzbelastungen des Gewissens auch existentiell und moralisch unbedingt. Wir kennen das im Wagen der Retter auch des eigenen Lebensopfers im »Rettungswiderstand«. Ohne das Eine, überragend kreative, seinsschöpferische Gute wäre nichts Gutes im Einzelnen nützlich und heilsam in unsere Existenz aussetzbar für ihr daseinbewältigendes bewusstes Handeln. Dieser Existenz ist dann - in einem prophetischen Wort - auch gesagt: »was gut ist und was der Herr von dir fordert, nämlich Gottes Wort halten und Liebe üben und demütig sein vor deinem Gott.«[14] - Das Gute ist für Platon keine moralische Anleitung, keine ethische Unbedingtheit, sondern die Urenergie des Schöpferischen, seine für unser Erkenntnisvermögen gar nicht auszudenkende Schönheit. Zwar gibt es »eine Vielfalt von schönen Dingen und von guten Dingen und so von jeder Art von Dingen, wie wir sie denn auch in der Rede unterscheiden ... Und auch, dass es ein Schönes an sich und ein Gutes an sich gebe und so bei allem, was wir eben als Vielheit setzten; und indem wir nun umgekehrt das viele Einzelne einer Idee als der Einheit für jede Klasse des Vielen unterordnen, benennen wir es nach seinem wirklichen Wesen als dem Ding an sich.«[15] - Dieses ist also zu sehen: Etwas Gutes ist zu sich als ein Wirkliches wie durch einen Vorspann bezogen, der sich aus dem einen Guten an sich zu etwas Wirklichem in seinem Seinssinn heranspannt, sich weiter in seine Wirklichkeit wirksam hineinspannt. Erinnerung lässt sich auf diese Spannung ein und ergreift sie, damit aus ihr ein Etwas werde. Vergessen aber löscht diese Spannung. Vergessen blockiert damit das Gute, mit einem (nur) Etwas an Gutem wirklich zu werden als ein Seiendes, das in den Ambivalenzen von Wollen und Werten Eigenstand einnimmt, - und ihn in den Beschwernissen des Daseins schlagfest und biegsam behauptet. Zum Begriff des Vorspannes anders gesagt: Zwischen dem Ansich des Guten und dem wirklichen Etwas Guten, das sein soll und wirken will, greift deren Schöpfungsenergie ein, spannt sich zu einem Etwas heraus, schafft das Werden des Seienden. Denn es soll immer Etwas sein und nicht nichts. Auch wenn nur im Noch-Nichtsein Vollkommenheit ist. Denn alles schon aus der Schöpfungsenergie geschaffene Etwas Seiende ist unvollkommen durch seine Verzweckung, sei es die natürliche, sei es eine subjektiv moralisch-ethische. Die Leibniz'sche Eröffnungsfrage seiner Metaphysik: Warum überhaupt etwas ist und nicht nichts - bleibt nur verständlich, wenn sie aus einer hoffnungstätigen Gottessehnsucht des Menschen verstanden wird nach deutendem Einblick in eine übervernünftige Ordnung. Anderenfalls ist sie eine dahin rollende rationale, wenn auch grandiose Spielerei der Wissenssucht des Denkens und dem transzendentalen Bedürfnis, transzendente Stabilisierungen aufzusuchen für ein existenziell fragwürdiges, brüchiges, sterbliches, gottverlorenes Dasein.[16]

Der Vorspann des Guten schliesst nicht aus, dass Etwas Gutes, Gutnützliches als sein zur Wirklichkeit entlassener Setzling sich verkehren kann zum Bösen. Und darin erinnerungsverschlossen verharrt, ja in die irreversible Bösartigkeit entartet. Dieses Böse kann aber auch, wie viele Rettergeschichten beweisen, der Umweg zum Guten werden, durch Verstellung, durch Diebstähle, durch edle Unwahrheit und Lügen.[17] Sogar durch Denunziantentötung sind in Einzelfällen Juden gerettet worden. - Das Gute als seinsträchtiger und seinsmächtiger Vorspann von Etwas Gutem kann durch seine Heraussetzung aus dem absolut (noch) geschützten An-sich dieses

Etwas aber nicht immunisieren gegen Böses. Mit seinem In-der-Welt-sein wird es sogleich ambivalent, das heisst anfällig, zumal wenn es seinen Ursprung vergisst. Denn es muss, um beständig seiend da zu sein, wenn auch stets vom Tod bedroht, sich einordnen in vorfindliche Lebensformen. Zunächst noch (annähernd) treuidentisch. Dann aber den Bedingnissen von Anpassung ausgesetzt, die von jeder Ordnung (als System) erwartet, wenn nicht erzwungen wird. Also bedeutet anpassende Einordnung Verfremdung und Verschleiss des treuidentisch Gewahrten als Etwas an Gutem, bis hin in eine radikale Verkehrung. Wiewohl andererseits solche Einordnung auch zumindest zeitweise Etwas Gutem Schutz bietet, zum Beispiel durch gerechtes Gesetz. Denn das geschriebene Gesetz entstand im alten Rom - worauf Gustav Heinemann gerne hinwies - zum Schutz der Schwachen, auch wenn es später in vielen Herrschaftssystemen, wie im Rom der Kaiserzeit, verkehrt wurde zur Stütze von Macht, die sich selber bediente statt dem Guten der Gerechtigkeit zu dienen.

Ich begründe zusammenfassend, warum ich von der Unstillbarkeit des Fragens nach dem Guten abhandele, - und nicht vom unabdingbaren Glauben an das Gute, sprich an den religiös verbrämten guten, barmherzigen, allgütigen, allliebenden dreieinigen christlichen Gottvater:

Geben wir es auf, uns zu den Ahndungen des Guten an sich in existenz-ontologischer Unbedingtheit offen zu halten, - lassen wir die Not-wendigkeit dieser Offenhaltung kontingent verschütten, - lassen wir sie uns durch Verzweckungen rauben, - so entziehen wir der »Menschheit« in uns (Schiller) die transzendente Nährung. Wir verdrehen und verwickeln das Geschenk der Freisetzungen zu Etwas Gutem ohne Umkehr in blosse Bedingnisse. Das unstillbare Fragen nach dem unter Zwecken nicht handelbaren Guten zeigt dagegen den Schmerz über diese gefällige Unumkehrbarkeit (Versuchung) an, durch die nicht mehr unterschieden werden kann zwischen dem Nötigen und dem Heilsamen; zwischen dem was ich tun muss und dem, was ich nicht fahren lassen soll. In dem unstillbaren Fragen kommt hervor die Weigerung, dass das Gute ontologisch etwa nicht sei, und in keiner Daseinslage mit einem nur Etwas an Gutem ergreifbar; es erfragt sich seine Wahrnehmung und Anerkennung im nachsinnenden Denken als unverzichtbar für ein erfülltes Menschsein, nicht nur im Denken, sondern durch die Erfahrungen eines Guttuns. Auch wenn dieses Fragen nicht in ein Forschen, ein moralisches Kategorisieren auf der Suche nach leitenden Regeln abgleiten darf in begriffliche und damit ausnutzbare Definitionen ethischer Gesinnungen und moralischer Verhaltungen. Die Unstillbarkeit des Fragens ist ein Bemühen, das Gute wie das Böse dem Vergessen zu entziehen. Denn durch ihr Vergessen werden sie ununterscheidbar, - und das heisst allbenutzbar; werden von der Daseinsbehauptungspraxis zugedeckt. Dies bedeutet in der Folge, die unverzichtbare moralische Gültigkeit von Gutem aus der Lebensform des Individuums wie auch einer auf moralisch-kritische Diskurse angewiesenen Gesellschaftsordnung dem (unfreien) Fall in den Zer-fall auszuliefern. Und dies noch als rechtmässig und gut-nützlich abzuschminken.

Zu einer der vielen Spielarten des Vergessens gehört auch der folgende Hinweis von Viktor E. Frankl:

»So gilt es in der Psychotherapie vielfach, etwas unbewußt bleiben oder wieder unbewußt werden zu lassen. Wir verstehen aber auch, dass das Wieder-unbewußt-Werden, das Vergessen, einen wesentlichen Schutzmechanismus darstellt, und wir begreifen die tiefe Weisheit, die aus einer Legende des Talmud spricht, der zufolge jedes neugeborene Kind, sobald es zur Welt kommt, von einem Engel einen Schlag auf seinen Mund bekommt, woraufhin es sofort vergisst, was es vorgeburtlich gelernt und gesehen hat. In Anbetracht dessen, dass wir diese platonische *Amnesie* als einen Schutzmechanismus ansehen müssen, können wir den talmudischen Engel einen Schutzengel nennen.«[18]

I. Die Idee des Guten

Die Idee des Guten stellt das höchste Wissen, die grösste Einsicht dar, aber wir kennen sie nicht in voller Genauigkeit. Sie ist diskursiv nicht adäquat aussagbar.[19] Unserem schauenden Bewusstsein ist sie sich öffnend eine zugänglich erscheinende Wesenheit, unvergleichlich göttlichen Ursprunges. Er zeigt uns Gaben und Gelegenheiten ihrer Anwendung an zur wahrnehmenden, verständigen Gerechtigkeit und Liebe zuteil eines anderen Begegnenden. Solche Anzeigen transformieren sich in einen sittlichen Willen zum Guten, wie ihn Aristoteles lehrte,[20] der als reflektierter sogleich auch - und dabei nicht ungefährdet - mit Absichten sich zwecks seiner Durchsetzung rüstet. Aber damit ist jeglich Etwas an Gutem als ein Setzling des wahren Guten auch schon wieder dem Verderben ausgesetzt, weil das Böse - früher meinte man: der Teufel -, das immer quertreiberische Böse es als solches nicht zulässt. Oder wie Hegel es knapp und bündig sagte: »das Böse ist nur Entzweiung«.[21] - Und jeglichem Etwas an Gutem liegt es in der Entzweiung an, sie auszuhalten. Die Techniken des Vergessens sind im Bewusstsein auch solche des Flachmachens dieser Entzweiung, mit der Folge, dass deren Positives, der Hervorgang des Bewusstseins der Freiheit (Hegel) und ihrer kreativen Widerstandkräfte verschüttet wird. Das vitale Vergessen stammt dazu noch selbst aus der sich einnebelnden Entzweiung. Im Vergessen des Guten schlägt ein Mensch sich selber stumpf. Was das Gute sei? Es ist (auch) das uns vor der Zerrissenheit der Entzweiung widerständig Rettende, Bewahrende. Nur: wer das Gute und damit sich selbst als einen Guten zum Zweck seines Handelns macht, verfehlt es. Das Gute wollen, löscht das Gute.[22] Alle Vielheiten des Guten; nämlich seine Setzlinge als ein je Etwas an Gutem weisen zurück, weisen wiedererinnernd auf das Gute hin. Dieses ist in jenen Allen ein Allgemeines und Ganzes, vor einem Begriff des Absoluten ein sich Absetzendes. Da wirkt erhellend in einem historischen Sprung wieder Hegel zu zitieren: »Es ist eine Bewusstlosigkeit, nicht einzusehen, dass eben die Bezeichnung von etwas als einem Endlichen oder Beschränkten den Beweis von der Wirklichkeit und Gegenwart des Unendlichen, Schrankenlosen enthält«.[23]

Was das Gute sei - auch für ihr Leben - ahnen wachen Sinnes Menschen dadurch, dass sie Es entbehren, dass Es ihnen spontan nicht zugekommen ist. Aber Etwas Gutes wissen sie für sich und andere zu finden, um es zu schützen oder zu vernutzen. Ich nenne es in einem unübersehbaren Vielerlei das Gutnützliche. Moral, Ethos und Gesetz schützen es im Zweifel vor der Verkehrung. Ein sittlicher Geist stützt es unmittelbar. Platon hat immer wieder auf die Verbindung eines Guten zum Nützlichen hingewiesen, wenngleich auch, - dieser Seitenblick mag heutzutage besonders angebracht sein, - hier das was gut und nützlich ist, also nützlich aber auch gut, nicht von einem Gebrauchs- und/oder Tauschwert bestimmt wird. Sondern diese Verbindung ergibt sich dadurch, dass wir ein Gut, z.B. Gerechtigkeit sowie etwas Gutes, was im Einzelfall gerecht ist, um seiner selbst willen lieben, erstreben, und um seiner Folgen willen.[24] Denn keine Seele kann des Guten, auch nicht in einem etwa totalen (moralischen) Vergessen entraten, also auch nicht einer eigenen Seinsentleibung alles Guten durch Vergessen verfallen. Sagt doch die Gestalt des Sokrates einfach und bestimmt:[25] »Eine jede Seele also strebt dem Guten nach und lässt um seinetwillen nichts ungetan, in der Ahnung, dass ihm doch ein Sein zukomme, dabei aber doch schwankend und unvermögend es in seiner wahren Bedeutung befriedigend zu erfassen und zu einer festen Überzeugung darüber zu gelangen, wie bei anderen Dingen, was denn auch der Grund ist, dass sie auch das Übrige verfehlt, wo etwa ein Nutzen zu erwarten stand.« – Das Verhältnis je eines der Aussetzlinge des Guten, also Etwas Gutes, zu seinen nützlichen Folgen wird natürlich nicht bestimmt von einem nur subjektivistischen Interesse des eigenen Bestrebens nach Daseinsglück, nach Macht und Reichtum. Es darf sich vielmehr nicht gegen andere richten, sich ihren berechtigten Ansprüchen verweigern und sie ausbeuten nach der Maxime: was mir nützt, ist allemal gut. Wenn Sokrates sagt: »Alles Gute ist nützlich«, dann nur, wenn es auch, von Gerechtigkeitssinn und Bürgersolidarität geleitet, dem Allgemeinwohl in Staat und Gesellschaft dient. Da dies heutzutage alles andere als selbstverständlich ist, setzen sich für das Allgemeinwohl Mengen von gemeinnützigen Stiftungen ein, ferner Zivildienste, Friedensdienste, Bürgerstiftungen. Nach dem Substitutionsprinzip füllen sie die Lücken aus, die der überforderte Staat nicht wahrnehmen will oder nicht besetzen kann.

Hier setzt auch Rawls »Theorie der Gerechtigkeit als Fairness aus abwägender Vernunft« einen Schwerpunkt. Wer das in seinem Denken und Handeln aus einer verständigen, verlässlichen Einstellung seines sittlichen Bewusstseins nicht pflichtgemäss beachtet; nämlich die andere, mitmenschlich gegenseitige Auflagerung des für ihn von Fall zu Fall Gutnützlichen, der macht sich wie selbstzerstörerisch für das Wohlsein seiner Seele unfähig aller Gemeinschaft und Freundschaft.[26] Das Vergessen des Guten hat den Folgeunwert eines Verderbens allgemein gültiger, für Zusammenhang und Zusammenhalt notwendiger Lebensgrundlagen und ihrer Ordnungen. Das Gute in unserer unstillbaren Ahnung, dass ihm doch ein Sein zukomme, stösst uns an, ihm gleichwertig nachzustreben. In seiner ehrfurchtgebietenden Würde und Kraft fliesst es in den sittlichen Willen eines Menschen ein, dem er sich als seine Entscheidung entweder entzieht oder dem er zu Fromm und Nutzen folgt.

Das Übersein des Guten an sich ist – wie zeitlos immer – dank seines sich selbst bekräftigenden, vorspannenden Dranges nicht nur zur *Creatio ex nihilo* ermächtigt, sondern in der Folge als Gestaltseiendes natürlich wie moralisch mit Form und Sinn zu wirken, also fortzeugende Wirklichkeiten zu schaffen. In der tatsächlichen, natur- und humangeschichtlichen Welt, als darin zu einer je eigenen Ausstrahlungskraft geworden, sucht Es gleichsam Heimstatt. Dazu soll Es erscheinen, in der Erscheinung, wenn auch nicht vollkommen, gut sein. Ihm Heimstatt mit zu schaffen, ist der Freiheit eines Menschen überantwortet, ist ihm in Gelingen oder Versagen anheim gestellt.

II. Das Gute und seine transzendenten Stimmen

Das Gute, um mein Fragen wieder aufzunehmen, – vermag es nicht das eine: mit seinen transzendenten Stimmen, mit seinen in das Dasein eines Menschen sich einnistenden Ahndungen ihn aus den notwendig flachen Behauptungskämpfen hochziehen und ihn mit Zuwendungskraft ausrüsten? Kann sein totales Vergessen überhaupt geschehen, weil Es, das Gute dies nicht zulässt? Hiesse dies nicht, dass sonst alles Nächstenrecht und alle Nächstenliebe mit verfielen? – Wäre über den berechtigten Selbstschutz hinaus bei solchem Vergessen eine solidarische Gemeinschaft überhaupt möglich, in die ein Mensch sich über sein eigen Gutnützliches hinaus einwohnte? Hiesse es nicht auch im Grunde, dass alles Sein und Werden zwar nicht als Natur, nicht physisch, jedoch geistig ohne Es in ein Nichts schwinden würde?

Wenn ich das Wie zu denken versuche: Wie der Übergang sei aus dem Guten an sich durch Es als Vorspann in ein Etwas Gutes, so wird durch eine solche Denke der begrifflichen Analyse die Einheit des Vorspannes zergliedert, also nicht als unberührtes Ganzes in seinem geheimnisvollen sich Auswirken gelassen. Es ist sprachlich nicht fassbar, Wie das an-sich des Guten aus seiner Selbigheit eine Teilgabe entlässt in Etwas Gutem zuhanden des sittlichen Willens. Es geschieht! Der Übergang ist ein geschlossener. Erst angelangt in einem Etwas an Gutem, Gutnützlichen wird er der Ambivalentierung ausgesetzt, bis hin zum Umschlag in ein Böses, in dem Es sich mit seinem anfänglich gelungenen Etwas verliert. Daher wird das Entstehen eines Etwas an Guten aus dem Guten an sich - hier in meiner Schrift - nicht weiter zergliedert. Es auf sich bewenden lassen, heisst sich seinem Zuwenden, seinem Ereignen offen und fähig halten.

Sokrates war der Meinung, dass es unmöglich sei, aus freien Stücken Böses zu tun. Wenn es dennoch getan würde, beruhe es auf dem Unwissen; nämlich dass es böse sei, was zu tun ein Mensch beabsichtige. Wenn ein Mensch wisse, was gut ist, handele er dementsprechend und tue Gutes.

Für unseren von der Verantwortungsethik geprägten, auf Zweck und Nutzen hin abgerichteten Verstand ist diese radikale Meinung zunächst unverständlich. Denn wir sind und sollen auch immer gehalten sein, ob zutreffend oder mangelhaft zu urteilen, dabei im Risiko der Täuschung. Oder, uns im Zweifel selbst täuschend durch Interessen, Leidenschaften, Hass, Liebesverlangen, moralisch genau zu unterscheiden, was gut oder böse ist, auch in der oft vorher nicht erkennbaren Vertäuschung infolge ihres Umschlages. Das Gutgemeinte kann sich zum Bösen wenden, das Böse Gutes ergeben. Aber Sokrates Leitgedanke ist eben nicht moralisch-reflexiv auszutarieren; und damit auch einfach als unhaltbar auf die Seite zu schieben. Sein Prinzip ist zu verstehen als ein onto-existentieller Anruf des Göttlichen in uns! Der Mensch, in der Seinsspange von dem Guten und/oder dem Bösen verwirft sich selber nicht in das ihn auslöschende Böse, wenn er es als solches erkennt. Sondern er erhebt sich, gewinnt sich gültig im Wissen, was gut ist, und danach dann auch zu handeln. Das Wissen, was gut ist, ist der Wegweiser durch ein Tor aus der leiblichen Gefangenschaft, christlich der Sünde (Paulus).

Versteckt sich eine Tücke der sokratischen Maxime nicht darin, dass der Mensch Beeinflussungstechniken erfunden hat und anwendet, wie wir vor allem im vergangenen Jahrhundert erfahren haben? Nämlich das was böse ist als gut auszugeben, also vor dem Bösen Verstand und Gewissen einzunebeln, ja blind zu machen. Wir kennen diese Folge u.a. aus der Motivverstrickung der »Ganz normalen Männer«, die Massenmörder werden.

Wenn Sokrates sagt: »Eine jede Seele strebt nach dem Guten«, dann ist diese wunderbare Tatsache auch ein persönliches Zeugnis des Sokrates, wie der ihn anfassende Vorspann seine Seele und seinen Geist nicht loslässt. Des Guten drängendes Worin und Wozu; nämlich in ein Etwas Gutes, Gutnützliches ist sein aus sich selbst heraus Erscheinen. Das Worin und Wozu bezweckt des Guten Einbindung in ein Dieses. In Diesem wird, bleibt und schwindet es beständig-unbeständig. Wenn aber das Gute vergessen (gemacht) wird, verharrt die übergängige Vorspannerei und lässt das Gute im An-sich ungenutzt bei sich. Nur Erinnerungsarbeit bringt sein Hervorkommen in das Bewusstsein, legt es damit dem moralisch-ethischen Willen und ihm geltenden Anrufen zur Verfügung frei an, Gutes als Gutnützliches unter den Bedingungen von Recht und Sittlichkeit zu vollbringen. Zum Beispiel Anrufe aus der Not eines Verfolgten. Das Gute an sich bleibt als solches immer unverbracht in einen Zweck eben das, was es ist in seiner Selbheit vor allem Etwas Gutnützlichen. Vor dessen wirkenden Dasein bleibt es in sich Es selbst, ehe Es sich dem Drang zum Erscheinen, dem in die Erscheinung drängenden Vorspann aussetzt in ein bestimmtes Worin und Wozu als ein Daseiendes, und damit auch als ein zu Verantwortendes.

Indessen kann das Erinnern vorübergehend aus verschiedenen Motiven und Ursachen brachliegen. Erinnerungskräfte und damit Erinnerungsfähigkeit sind so eingeschläfert. Dazu zählt auch das Traumvergessen und die »ballastabwerfende Funktion des Vertrauens«.[27] Darunter fällt andererseits auch eine hergestellte (organisierte) Verdummung. Aber weiss nicht ein Mensch, in seine Tiefe blickend wenn er denn blickt, von sich selber, dass Erfahrungen der Ungerechtigkeit, Beobachtungen von Brutalität, Berührungen mit Leid und Tod diese moralisch ausgetrocknete Brache in Gewissen und Selbstbewusstsein aufreissen und spontan Gutes-Tun freisetzen? So geschah und geschieht es bei vielen Zuschauern (Bystandern) grässlicher Vorgänge eben nicht, weil ihre teilnahmslose Wahrnehmung vergleichgültig ist.[28] Ein Erinnerungsblick in die Wahrheitstiefe des Guten wird nicht mehr ausgelöst. Jede teilnehmende Zugreifung muss daher ausbleiben. So geschah und geschieht es aber umgekehrt bei vielen RetterInnen: für sich selbst den Mut zu fassen, der die eigene Gefährdung angesichts »spontaner Unerträglichkeit« (Th. Leithäuser) überspringt, um ein anderes gefährdetes Menschenwesen zu retten. Dieser Mut denkt und grübelt dann nicht, er handelt! Befragt, warum er sein Leben auf's Spiel setze, antwortet er: »Was sollte man sonst tun, wenn ein Menschenleben in Gefahr war?«[29] – Das Gute lässt uns vor allem in Grenzkonstellationen seine Stimme hören. Sie ist der Funke der Erhellung und Auflichtung im Alltag, der zwar mit allen seinen Erledigungen gewöhnlich ohne sie bewältigt wird, dann aber ohne jene hohe Würde- und drängende Gütekraft des Guten. Sie lässt mit einem Schlage das Wahre erfassen, wenn es nicht aus langsamer, mühsamer, verständiger Kombination schliesslich unabweisbar zukommt. Die magische Erfahrung dieses Funken der Erinnerung, der schlagartige Blitz der Erleuchtung mit seiner »animatorischen Energie« und Folgekraft ist der eigentliche Nutzen des so unabweisbaren Guten in seinem Hervorkommen zum Erscheinen.[30] Und das war oft auch die konfrontative Lage des responsiven Retters von Juden.[31] Ich sehe hier die Spur des Guten, die sich einem anamnetischen Gedächtnis[32] eingezeichnet hat, unauslöschlich, wenn auch am Schattenrand des Vergessens entlang, wo aber schon über ihn hinweg die Erhellungen des Erinnerns flimmern.

Es lässt sich auch so sagen: Das Gute hat uns immer schon gefunden, ehe wir es suchen, und Es eine beschränkte Daseinswirklichkeit mit einem Etwas an Gutem durch uns als Filterexistenz werden liess. Die Einzeichnung des Guten - anders gewendet - in den Seinsgrund des Gedächtnisses, und damit seiner Erinnerungs-Quelle, löst sich in eine Spur hinein. Wenn Gewissen und Willen sie ergreifen, zieht sie aus dem Unerträglichen spontan hoch. Und auf dieser hochziehenden Spur hat sie mit einem klaren Daraufhin zunehmend durch alle Schwankungen hindurch ihr bestimmtes Daraufzu; nämlich zu einer Daseinswirklichkeit: z.B. die Not eines Menschen, die heranruft; die Konfrontation mit einer zuschlagenden Gewalt; die Wahrnehmung von Unrecht; die Verhöhnung des Hässlichen; die Missachtung von Recht und Gesetz; die mutwillige Zerstörung von lebensnotwendiger Ordnung. Da hinein gezogen, dahin gespurt zu werden, ist für den sich so aussetzenden Menschen Etwas Gutes, oft auch etwas gewagt Gutes, wenn er eben, ob intuitiv oder reflexiv dieses durch seine Existenz spurende Gute dafür zulässt. Wenn er Es gewissensempfindlich und verständig zu transformieren versteht. Wenn er Es nicht nur fühlsam ein waches Wesen sein lässt, das sich beschränkt einnistet in einer nur für sich selbst wohlseienden Innerlichkeit. Sondern wenn er Es zu einem nützlichen Niederschlag vernünftig formt, der bösen Zudringlichkeiten widersteht.

Die Ahnung des auf seiner Spur im Gedächtnis sich anzeigenden Guten, das klare Entscheidungen und verantwortete Handlungen will, ist eine dem Menschen zugängliche Leitkraft. Sie lichtet das Vergessen auf, schafft dem Erinnern Klärungen. Ohne sie kommen wir, im immer wieder schwankenden Unvermögen befangen, dem Guten zu folgen, nicht zu seiner Es verwirklichenden Einsetzung durch. Wir verfehlen, als dem Bösen Verfallene, wo aus dem Guten »etwa ein Nutzen zu erwarten stand«.[33] Ich nenne dies Erwartete, von der Ahndung des Guten im denkenden Gewissen kontrolliert: das Gutnützliche. Sein sich von ihm absetzender Gegensatz ist das Bösnützliche als einem Folgeunwert des Vergessens des Guten.

Das Gute lässt sich in Freiheits- und Spielräumen entschlossenen Handelns gutnützlich umsetzen (transformieren); nämlich als Etwas Gutes sowohl für den, der es verantwortet als auch für den, dem es gilt. Mit einem Bild angefragt: Liegt das Gute nicht immer wesenhaft wie ein auszuwaschender Stein voll kostbarer Mineralien auf dem Grund einer Quelle, die unseren beseelten Geist vor der Austrocknung bewahrt? Aber ist dieser Stein nicht oft zu schwer, als dass ihn ein Mensch jederzeit und in jeder Lage, unter jedweden Umständen seiner Einengungen und Versuchungen an die Oberfläche; nämlich an seine durstig lechzende Zunge heben könnte? Um sich die nötigen Mineralien zuzuführen, zumal wenn seine Kräfte geschwächt sind, weil Bosheiten oder Krankheiten ihn angefallen haben. Krankheiten nicht nur des Leibes sind hier gemeint, auch gesellschaftliche oder ideologische Verzerrungen des Gerechten; ferner Korruptionen der Liebe[34]; oder Folgen von schrankenloser Gewalttätigkeit, von verführender Unwahrhaftigkeit, von scheinreligiösen Wahnmächten. Und wenn einem Menschen ein Vergessen des Guten gemacht wird, sei es durch Beeinflussungstechniken seiner medialen Umwelt, sei es mittels militärischer Gehorsamsunterwerfung oder krimineller Gehirnwäsche, mittels propagandistischer Doktrinen, ja Foltermethoden. Oder wenn einfach aus totaler Erschöpfung aller Daseinskräfte, in einem letzten Überlebenskampf, wie ihn Soldaten in Materielschlachten (Verdun) aushalten mussten, die Erinnerungsfähigkeit überhaupt erloschen ist.[35]

Gewöhnlich ist ein Vergessen des Guten auch ein Vergessen des Bösen. Oder ein Vergessen des Bösen nicht ohne Vergessen des Guten. Es kann sich zu einem »pathologischen Zweckvergessen« verirren.[36] - Die in dem Buch »Das Feuer« geschilderte Erschöpfung ist so total, dass das Böse wie das Gute vergessen ist, beides nicht mehr erinnerungs-, nicht mehr denkmöglich. Da ist erloschen der Mensch als Person, von allem Sein und Wert ent-menscht, betrogen um alles, was ihm zusteht. Denn gibt es nicht die Erinnerungswürdigkeit des Guten, das von sich aus drängend dem sittlichen Bewusstsein versteht sich bemerkbar anzuzeigen? Oder sich dadurch meldet, dass ein anderer, vor-bildlicher Mensch in Begegnung und Gespräch sie ihm kommuniziert, unaufdringlich und am wirksamsten, wenn es frei von aller appellativer Moralität geschieht? Oder weil ein Mensch in einem Buch liest, das ihn durch seine Geschichten erweckt, nicht zuletzt im Neuen Testament durch die Gleichnisse, die Bergrede Jesu? Weil er durch sie wissend wird von sich, wissend was ihm fehlt für ein ihm mögliches Etwas an Gutem. Weil eine prophetische Stimme als von Gott her des Menschen ungute seelische Verschüttungen durchdringt, wie reines Wasser in Geröll absickert und es auswäscht. Und Erleuchtung auslöst, die seinem Geist - zum Guten hin - die Wahrnehmungsfähigkeit des belastenden Bösen schärft, dem dieser Mensch in Lust und Sucht, in Liebedienerei und Denunziation, in Ehrgeiz und Lieblosigkeit, in Verrat und Treulosigkeit zeitweise verfallen schien. Aber wie er durch eine solche geisterregende Auflichtung dann doch nicht endgültig ein im Bösen Verlorener bleibt. Auch wenn hier die Frage zu erinnern ist: Warum müssen Menschen, ja ein Jeder Böses tun? Hat hier der Schöpfergott, der gute Allmächtige versagt? Wollte Er es? Konnte Er es nicht verhindern?

III. Vom »Kybernetischen Gedächtnis« (Vilem Flusser), vom Vergessenmachen und der Unvergesslichkeit des Guten

Ein Computer mit seinen Speicherkapazitäten erinnert sich nicht in ein wesensbestimmtes Hervorkommen von Etwas Gutem. Er ruft aus seinem »Kybernetischen Gedächtnis« (nach Vilem Flusser) Daten ab. Diese sind brauchbar oder unbrauchbar, richtig oder falsch. Auch das entscheidet nicht der Computer, vor allem nicht in der Frage nach dem Sinn, nach der Wahrheit. Er stellt auf Abruf ein Stück oder viele Stücke eingetippten oder angefragten Wissens zur Verfügung, und der die Daten Eingebende prüft. Der Computer erleichtert die Prüfung auch durch Vergleiche, was im Zweifel verwendet werden kann. Er ist ein technischer Helfer. Aber ein Mensch und seine Geisteskraft bleiben der Creator! Man sagt manchmal: dieser Mensch hat ein Gedächtnis wie ein Computer. Aber eine solche gleichmacherische Feststellung ist eine falsche Meinung. Denn ein Computer hat keine Wiedererinnerungskraft wie ein tiefenlotendes Gedächtnis im wellenschlagenden Meer des Seins, noch dazu etwa des Gutseins. Mittels Tastaturen wird - höchst zweckvoll - gesucht, was benutzt werden soll und was wieder mit Knopfdrucken zurückgestellt, ja gelöscht wird. Das Gute aber kann vergessen, jedoch nicht gelöscht werden.

Gelöscht, besser der Erinnerung entzogen wird dem Gedächtnis ein so oder so an Etwas Gutem als einer geschichtlichen Tatsache oder existentiellen Entscheidungsmöglichkeit. Ein Mensch vermag sich nicht des Unbedingten und dessen Grenzziehungen total zu begeben, so sehr er sie verfehlen kann. Er möchte zwar in seinem fallweisen Übergrenzungswahn technisch alles vermögen. Er versucht es zweckhörig in grossartigen Anläufen und zeitweise bewundernswerten kreativen Gelingen mit nicht zu unterschätzenden Nutzungsfolgen. Er möchte sogar der Schöpfer seiner selbst werden wollen, wovon man gegenwärtig in den Gazetten und deren Fachbeilagen liest. Er möchte den Tod rückgängig machen, rücküberholen. Er deponiert Samen und Eier, befruchtet oder unbefruchtet, in Gefrierbanken mit testamentarischen Verwendungsbestimmungen. Er will es wissen und probieren, wie man sich Unsterblichkeit erklont. Er schreckt nicht einmal vor dem Versuch zurück, Mensch und Tier zu kreuzen. Aber ist er dann noch Mensch: sich selbst unverfügbar geschenkt? Denn das Gute ist kein Wegwerf embryonalen, forschungsvernutzten Lebens. Das Gute ist keine weiter benutzbare Stammzelle aus Gottes Sein. An Würde und Kraft ragt es noch über das Sein hinaus.[37] Die Unvergesslichkeit, die Unverfügbarkeit, die Unentbehrlichkeit des Guten an sich trotzt und entzieht sich unbehandelbar aller menschlichen Vergessens- und Wegwerfnachlässigkeit. Wem diese Einsicht nicht geweckt, wem sie umgekehrt eingeschläfert worden ist, wer sie sich vergessen machen lässt, lebt sich nicht hoch und aufrecht über sich hinaus anderer Freisinnigkeit zugewendet. Er verfällt ... – in die Inhumanität! Auch in die von Kollaboration und Terror.

Zeitweise kann das Gute vergessen sein, und vieles einzelnes Gutes dazu. Wenn Es verdorrt, trocknet auch die Kraft seiner Setzlinge aus. Auf der Ebene der kämpferischen Daseinsbestreitung (Konkurrenz) wirken verschiedene Beeinflussungstechniken und Mächte über das Gute hinweg. Sie tauchen es gleichsam unter. Die Mittel unterschiedlicher Einwirkungen auf die Erinnerungsbereitschaft und Erinnerungsfähigkeit sind u.a. Werbung und Propaganda, die gegen die Wahrheit immer die Lüge als ihren Bündnisträger benutzen.[38] Und sie sind oft schwer durchschaubar. Dazu gesellen sich soziale Bedrohung, Gruppenzwänge falscher Solidarität, physische Gewalt, seelische Bedrängung, Erfolgssucht, zuletzt auch Folter und Gehirnwäsche von gefangengenommenen Gegnern, die sich die Sprache und das Denken der Wahrheit nicht wollten vergessen machen lassen. Verstört wird die Erinnerung auch durch Hunger und Durst. Ideologen erfinden verführerisch und verbreiten machtvoll Prämissen und Prinzipien des Terrors auch für das, was von Subjekten erinnert werden darf und was vergessen zu sein hat. »Terror, als der folgsame Vollstrecker natürlicher oder geschichtlicher Prozesse, fabriziert dies Einssein von Menschen, indem er den Lebensraum zwischen Menschen, der der Raum der Freiheit ist, radikal vernichtet. Das Wesentliche der totalitären Herrschaft liegt also nicht darin, dass sie bestimmte Freiheiten beschneidet oder beseitigt, noch darin, dass sie die Liebe zur Freiheit aus dem menschlichen Herzen ausrottet; sondern einzig darin, dass sie Menschen, so wie sie sind, mit solcher Gewalt in das eiserne Band des Terrors schliesst, dass der Raum des Handelns, und dies allein ist die Wirklichkeit der Freiheit, verschwindet.«[39] – Im totalitären Terror wird, um den Raum individuellen Handelns und Verantwortens zu vernichten, Vergessen und Erinnern eingeschmolzen; denn sie sind der Pulsschlag im Geäder unserer Freiheit, ohne den Geschichte menschenwürdig nicht zu leben und zu gestalten ist. Genau deshalb sind sie gefährlich. Und da dem Terror sowie so alles gefährlich ist, müssen Vergessen und Erinnern samt ihren tatsächlichen Trägern, ja möglichen Geistern ausgeschaltet werden. Das Jahrhundert der Wölfe und des Todes hat uns die Schreckensbeispiele dazu geliefert, ohne dass sie nach der Jahrhundertwende ein Ende fänden.

Eine Puppe hat keine Erinnerungsfähigkeit. Sie ist gestalteter Stoff ohne Sinne. Soldaten allerdings werden – wie Sartre das genannt hat – zu »Soldatenpuppen« trainiert. Sie sollen blindlings und fühllos gehorchen. So erklärte Eichmann in seinen Memoiren, die er im israelischen Gefängnis schrieb: »Der Befehl war für mich das Höchste, und dieser war gehorchend zu befolgen.« – Der Befehl entlastet in solcher antrainierten Gesinnung davon, sich des Guten wie im übrigen auch des Bösen zu erinnern, zumal selbst die geistige Fähigkeit solchen Erinnerns blockiert ist. Die selbstreferentielle Erinnerungsfähigkeit – ich denke hier nicht an Hirnverletzungen – ist durch Propaganda und Lüge, durch rücksichtslose Durchsetzung von Behauptungsinteressen und Überlebensstrategien, individuell wie kollektiv vom Guten abgekehrt, in eine sich wie bösartig auswirkende Gleichgültigkeit, eine Affektlosigkeit dem Nächstenrecht gegenüber verkehrt worden. Es nimmt keine Verpflichtung zur Einbindung in eine Nächstenordnung mehr wahr. Obwohl nach dem Menschenrecht keiner in seiner Person ein Neutrum ist, wird seine Persönlichkeit neutralisiert, wird Puppe, die aus registrierstumpfen Glasaugen starrt.[40]

IV. Das Gute an-sich und das von Etwas zweckbestimmten Guten, das zu Etwas nützliche Gute – Sokrates Frage an Menon ... Die von Platon unterschiedenen drei Arten des Guten

Aber was ist denn nun das Gute? Das eigentlich wesenhafte Gute, das Gute an-sich im Unterschied zum vielerlei von Etwas zweckbestimmten Guten? Leuchtet es nicht schon in diesem unstillbaren Fragen auf? Ist es das zweckfreie, noch nicht daseinstrebige Gute? Ist es dennoch das in seine Bestätigung (Evidenz) drängende Gute durch Es nicht brechende, verfremdende Handlungen und Einflüsse, durch eine gelingende, (nahezu) identische Transformierung, weil dieses Gute, so ergriffen, um seiner selbst willen getan wird, weil Es damit den, der es tut mit dem umspannt, dem es gilt? Kant dachte das Gute als den reinen Willen, dem die Notwendigkeit zum allgemeinen Gesetz innewohnt.[41] Sokrates konstatierte: »alles Gute ist nützlich«, [42] was bekanntlich keineswegs die Umkehrung erlaubt, alles Nützliche sei gut. Aber das Gute, das sich aus seinem An-sich öffnet, um auch nützlich wirksam zu werden, verbleibt damit nicht unangreifbar in einem Fürsichsein, sondern wird ein allen Verfremdungen ausgesetztes Etwas an Gutem. Und damit erkennbar, also auch brauchbar. Aber nicht indifferent zwischen gut und böse neutralisiert brauchbar, sondern angefochten in unserer argen Versuchlichkeit aus dem Bösen.[43] Und daher immer gefährdet durch Schwächungen, weil ein schwaches gutes Etwas widerstandslos leicht in Böses umkippt. Indem ich jedoch das Gute nicht als ein An-sich weiss, sondern nur in Teilen von Etwas Gutem in moralischen Konfliktzonen denke, fühle und handele, weiss ich eben nicht in der konfligierenden Praxis des Lebens das Kriterium zu nennen, welches über die schmerzlose Einsicht verfügt, ob der angestrebte reine Wille auch tatsächlich rein ist und bleibt, – und wahrhaft rein aus sich heraus strebt, das allgemeine Sittengesetz zu schaffen; mehr noch, vom Bösen unangefochten rein zu halten. Wenn Sokrates sagt: »alles Gute« ... – dann ist dieses »alles« nur die Summe von allem an Etwas Gutem. Darf ich dann darüber reden, obwohl ich Es, das Gute, nicht in einem klaren Allgemeinbegriff ganz und vollständig weiss? Wenn ich Es nicht gleichsam wie aus einer Gerichtsakte zur Urteilsfindung entnehmen, Es nicht wie einen Tauschwert aus einem Haufen Münzen in der zahlbereiten Hand anbieten kann? Gilt hier, wenn ich doch darüber rede, der Schlussatz von Wittgenstein: »wovon man nicht sprechen kann, darüber muss man schweigen ...[44]«?

Genau dazu äusserte sich übrigens auch schon Sokrates auf Fragen hin: »Nun, mein Menon, wenn ich über dich ebenso Herr wäre wie über mich, so würden wir die Lehrbarkeit oder Nichtlehrbarkeit der Tugend« – es sei mir erlaubt, hier einmal an Stelle von Tugend das Gute einzusetzen – »nicht eher erwägen, als wir erforscht hätten, was sie (– es –) selbst ist ... Wir müssen also, wie es scheint, erwägen, wie beschaffen etwas ist, von dem wir noch gar nicht wissen, was es ist ...«[45] – Sokrates stellt sich voll in das Dilemma vom Nichtwissen des an sich Begehrtesten allen wahren Wissens. Das ist bekannt, und kein Philosophieren seitdem vermochte je dieses Dilemma wegzuräumen oder daraus eine nutzbare Praktikabilität des unverfremdeten Guten an-sich zu ziehen. Allenfalls wurde es verdrängt oder rational pragmatisch weggeschliffen. Der reine Wille sei das Gute selbst, dieser grosse Gedanke von Kant, dass der reine Wille die Creatio ex nihilo unserer intelligiblen Triebfeder des Guten sein könne und solle, lässt doch das Fragen, auch das eines durch sein Versagen gequälten Menschen, nicht erlöschen: woher dieser reine Wille die substantielle unantastbare Reinheit, die Kraft der Selbstgeburt und der sich selbst reinigenden Erhaltung bezieht? Das Dilemma kommt immer wieder hoch und kränkelt den reinen Willen an. »Wir werden uns nie«, schreibt Leszek Kolakowski, »von der Versuchung befreien können« - die auch mich mit diesem Essay ergriffen hat - »die Welt als eine Geheimschrift zu sehen, zu der wir hartnäckig den Schlüssel zu finden versuchen. Und warum sollten wir uns eigentlich von dieser Versuchung befreien, die für alle Zivilisationen mit Ausnahme der unseren (oder zumindest ihrer vorherrschenden Tendenz) die fruchtbarste Quelle gewesen ist? Und woher rührt denn die überragende Geltung des Urteils, das uns diese Suche verbietet? Einzig von der Tatsache, dass diese unsere Zivilisation, die sich weitgehend von dieser Suche befreit hat, sich in einigen Hinsichten als ungeheuer erfolgreich erwiesen hat; in vielen anderen Hinsichten aber ist sie kläglich gescheitert.« -[46] Alles Gute ist nützlich, um nicht zu sagen auch ungeheuer erfolgreich. Aber sind wir darum aus dem suchenden, fragenden Denken entlassen? Das gerade nicht! Denn meldet sich nicht immer wieder seine Unstillbarkeit? Jedoch das Gute, als solches in keines Menschen Kopf und Hand: wäre Es eine wünschenswerte Totalversicherung vor dem kläglichen Scheitern im Abenteuer des Lebens und einer nach Unsterblichkeit heischenden Seele?

Das Gute ist eben auch für das Wagnis der Wiederaufnahme einer Suche nach Ihm bleibend ein Unergründliches. Aber wir verzichten doch nicht darauf, Es dennoch begrifflich umfassend erkennen zu wollen, um wenn auch nur in Stücken von diesem Umfassenden, sie uns als ein moralisch-ethisches Rahmen-, Gebots- und Ordnungswerk pflichtgemässer Handhabung aufzuerlegen. Neuerdings erfindet man dafür Ethikkommissionen, die regeln sollen, was nicht regel- und/oder nicht verhinderbar ist. Man lässt orientierungssuchend am Baum der Erkenntnis politische Feigenblätter wachsen, die sich pflückt, wer sie braucht. Für das Gute gibt es nur eine Sendeantenne in die verschiedenen Welten hinein: eine, die nicht absichtlich planend und berechnend sich ausstrahlt. Eine ohne Einschaltquoten werbende Programmwechselei. Sie hat es einfach; nämlich durch ihre blosse Zuwendungskraft empfangen zu werden. Was von diesem Guten - wie die Liebe -gutnützlich ist, braucht jeder zu seiner Daseinsbestreitung. Aber von dem allen Gutnützlichkeiten zu Grunde liegenden Guten an-sich gibt es deswegen keinen absichtsvollen Folgewert als solchen. Gleichwohl sollen wir die Folgewerte des Gutnützlichen - die aus Ihm, dem Guten an-sich sich ergeben, wegen unserer moralischen Ambivalenz beachten.

Platon unterschied insofern drei Arten des Guten: Es gibt ein Gutes, dem wir um seiner selbst willen zugetan sind und es uns wünschen. - Es gibt ferner ein Gutes, dass wir sowohl um seiner selbst willen als auch um seiner Folgen willen erstreben. - Zum Dritten sind ein Gut für uns, wenn auch mühsam oft, die Dinge des Erwerbs, die nützlich sind, aber die niemand um ihrer selbst willen sich wünscht. - Und so zählt, wie Sokrates dem fragenden Glaukon entgegnet, »die Gerechtigkeit zu dem Schönsten, nämlich zu dem, was sowohl um seiner selbst willen wie wegen der daraus entspringenden Folgen von jedem geliebt werden muss, der glücklich werden will«.[47]

Das Gute ist und bewahrt sich unversehrt die erinnerungszugängliche, ahnbare Ur-kunde eines schöpferischen Seinsgrundes. Seine Urheit ist letztlich keinem Vergessen ausgeliefert; denn sonst wäre nicht Etwas, sondern nur Nichts. Sie lässt ein sie auslöschendes Vergessen nicht zu. Im Dasein richtet sich Vergessen gewollt oder ungewollt darauf, Bestände und Bewandtnisse, Schuld und Ängste, Hoffnung und Verzweiflungen zu verdrängen. Der Vergesslichkeit unseres Bewusstseins, seinem Hang zum Vergessen, nicht nur weil es entlastet, sondern weil es oft bequemer ist als das Erinnern, können die Zugänge zum Guten vergesslich gemacht werden. Durch andrängende Einflüsse, durch Bedrohung und Gewalt werden sie verstopft. Das Gute aber ist ein Quellgrund unseres Geistes, der nicht verschüttet sein darf, wenn wir Menschsein leben wollen. Es lässt auf zartbesaitete Weise Keimlinge des ihm gemässen Verhaltens aufgehen aus einer unauslöschlichen Urenergie, die immer gültig und wahr ist. Das Böse dagegen, die Auswirkung jenes Urrisses der Entzweiung, den die Bibel als den Sündenfall von Adam und Eva und ihrer Vertreibung aus dem Paradies beschreibt, durch den alle Menschen mit der Erbsünde stigmatisiert seien, - das Böse in den Abgründigkeiten unserer entzweiten Existenz erweist sich als umtriebiger Verursachungsdämon von Schwächungen des Guten. Es wirkt immer zweideutig, mit des Teufels Listen unwahrhaftig durch die zweckdienliche Verkehrung von Gutem, das sich dieser nicht erwehrt. Bei Angelus Silesius bekennt ein schlichter Vierzeiler dazu:

> Der Abgrund meiner Seele
> ruft immer mit Geschrei
> den Abgrund Gottes an -
> sag welcher tiefer sei?

Die Erinnerungswürdigkeit des Guten bedarf keiner Gedächtnisstützen, obwohl sich religiöse Rituale dafür anbieten und aufwendig darum bemühen. Da spricht es durch seine vernehmbaren, erschaubaren, bedenkbaren *Chiffern aus dem Umgreifenden.*[48] Ihr Geahndetsein ist nur der Freiheit der Existenz ahnbar bewusst. Aber es wird in aller Entzweiung weltlich vernommen und verstanden in der Daseinsverzweigung vieler gutnützlicher Etwasse, ja auch unter den Bedingungen von Welt benutzt und damit ver-weltlicht. Gleichwohl lässt Es sich verstehen im Angang zum Übergang als den Grund aller Erkenntnis und allen Sinnes. Wir erfassen es denkend als ein sittlich hingebungsvolles Gutes, zuwendungs- und kommunikationsfähig. Es lenkt uns als ein moralisch-imperatives Gutes, das den Willen aus Freiheit zum unbedingten Entscheiden und Handeln bestimmt. Denn mit Hegel gedacht, ist in der Entzweiung das Positive der Hervorgang der Freiheit. Durch sie findet der Wille sein Gestalten. Er beruht in sittlicher Einstellung auf der Erinnerung des Guten. In dieser Erinnerung öffnet sich wie aus dem *Vorspann* des Guten die Möglichkeit eines zweckvollen Setzlings. Paul Tillich hat, was ich als *Vorspann* verstehe, umfassender als *Seinsmächtigkeit* umschrieben.[49] *Vorspann* zeichnet den Zug aus aller Seinsmächtigkeit Drang in Seiendes, und damit in Etwas. In diesem Drang faltet sie bifurkativ ins Erscheinen aus die Seinszartheit des Gestaltens, schöne Innerlichkeit wirkend. Und komplementär die Seinsgewalt, immer zeugend, aber auch sterbend wie selbstzerstörend. Sein muss immer selbstwählerisch zur Nichtsverneinung werden, - und wieder vergehen.

Das bedeutet anders gesagt: Das Gute muss aus seiner Erhabenheit über das Sein[50] herausspringen, herauswachsen in ein einzelnes, auch gutnützliches Seiendes, - freilich ausgegliedert in des Guten schwindenden Fall in Böses. Diesem Schöpfungssprung entgegen setzt das Ihn bestimmende, auch wissenschaftlich formende und beherrschen wollende Denken der Vernunft mit gleichfalls allen seinen moralischen und unmoralischen Handlungsoptionen ein. Ihm wird sichtbar das platonisch menschliche Gute in seinen wesentlichen Varianten als Analogon der kosmischen Ordnung. Und das Mass ist die oberste Bedingung für alles natürliche und moralische Gute. Es ist hier nicht die Frage, wie ein einzelnes Etwas an Gutem dank des Vorspannes, also der »Seinsmächtigkeit« aus dem Guten an-sich eben natürlich oder moralisch dieses Etwas wird. Und sich in dessen Identität dank seiner Schöpfungsenergie wirksam und eingeschränkt gefasst hält. Es ist die Frage an den Menschen zwischen gut und böse, wie Gutes ein sittlich Widersetzliches zum Bösen bleibt; denn das Böse versucht und bewirkt Abspaltung, Korrumption. Es betreibt das Verlieren des Guten mittels seinem Vergessen. Das Böse ist für jedwede Behandlung und Nutzung verfügbar; zugänglich bis hin zu dem raffinierten Anschein, ein Gutes zu sein. Ja, geradezu gutartig, wenn auch immer abgetarnt mit jedweder seelischen und geistigen Manipulation an Maskierungen, sich zur Verfügung zu stellen.

Zu dieser Verfügbarkeit, zu diesem verkehrenden Anschein gehört auch der unausrottbare Traum von einer totalen Reinigung vom Bösen in der Welt, wie sie nun einmal, wenn auch veränderbar beschaffen ist. Oder zutreffender konstatiert: der träumend-irrsinnige Wahnglaube an die reinigende Zauberwirkung von Gewalt, auch als eines technisierbaren Mittels. Von ideologischen Diktaturen, von orthodox-fundamentalistischen Konfessionen, vom Militär wird dieser Traum gehegt und gerüstet. Gewalt ist da nichts anderes als eine Marionette des Bösen, die Menschen wie Teufel und Hexen tanzen und wüten lässt. Und trotzdem sind jedwede Bemühungen, dem Bösen zumal im Praktischen zu widerstehen, zufällig verursacht oder notwendig motiviert, keineswegs durch und durch hoffnungslos oder vergebens. Aber es kommt hier nicht auf eine rationale Überlegenheit an im Gebrauch von sogar raffinierten Mitteln, die diesen Zweck heiligen - und nicht nach Machiavelli umgekehrt, dass der Zweck (absolut gesetzt) die Mittel heilige.[51] Ein solches Quer und Entgegen zum Mainstream des Gewöhnlichen, sein Wagen und Durchhalten beruht auf einer schlagfesten Widerstandskraft (Resilience), sei sie nun geistlich-religiös, moralisch-ethisch und zudem vegetativ-physisch genährt (substantiiert).

V. Was ist das Gute? Über seine Unverfügbarkeit

Was ist das Gute? Was eigentlich und im Ganzen als solches, nicht nur als ein Allgemeines abgezogen aus vielen einzelnen Guten, sondern zu unserer unergründlichen Existenz transzendental gedacht? Und doch durch Seine Ahndungen, die Es uns schenkend sendet, in unserer Daseinsimmanenz von unserem Gewissen gleichsam als Abstrahler vernehmbar, ergreif- und gestaltbar. Und so unserer Entscheidungsmacht anheim gestellt.

Das Gute ist gut nur als das Eine Gute. Nur als Es selbst ist und bleibt, was Es ist. Und erleuchtet sich selbst. Es bedarf keiner nutzensuchenden Anleuchten. Es sucht sie nicht. Wir als Fragende sind von Ihm Angegangene, Angeleuchtete. In Scheinwerfer und Reklameabstrahler stellt sich nackt nur ein Gutnützliches. Das Gute selbst ist unverfügbar, im Gegensatz zu der Willfährigkeit und Verfügbarkeit des einzelnen Gutnützlichen im Hang zum Bösen. In dieser Unverfügbarkeit ist das Gute seinsmächtig unbedingt.[52] Oder wie Aristoteles es praxisnah dachte: »Das vollendet Gute muss sich selbst genügen.«[53] - Seine Erinnerbarkeit ist in keinem Menschen total zu löschen. Weshalb auch jeder Mensch, er sei, der er sei, im Grunde gut ist. Und die Transformation des Guten an-sich in Etwas Gutes, etwas Gutnützliches für sich und Andere kann durch ein Vergessen (machen) in erkennbarer psychischer Variationsbreite blockiert, wenn nicht in einer affektlosen Neutralisierung der inneren Wahrnehmungsfähigkeit von Gut und Böse verworfen sein.[54]

Das Gute ist dem Menschen ein unverfügbares, weil unverbrüchliches Sein. In einem Gut-tun-wollen aber wird alles, worüber ein Mensch verfügt, brüchig. Aus Seiner Unverfügbarkeit heraus bedingt Es ein Etwas an Gutem, dem wir relativ Wahrheit als Richtigkeit zuerkennen. Wir lassen Es uns nicht freiwillig vergessen machen. Das wäre nichts anderes als sich widerstandslos des Guten berauben zu lassen, also wovon wir mit Geist, Seele und Leib existieren. Wir -: Täter wie Opfer wie Zuschauer

(Bystander). Die Motive dieser unfreiwilligen Beraubung auf der Täterseite - und damit zugleich auch ihrer Selbstberaubung - sind immer übel, sind eine Schwächung, eine Minderung des Guten.[55] Das Böse, wenn es darauf ankommt, tötet alles, nur nicht das Gewissen, so sehr es dieses abstumpfen, ja zeitweilig betäuben, gleichsam neutralisieren kann in eigens dazu entwickelten Trainings. Das Gewissen sorgt dafür, dass wenn die Erinnerungsfähigkeit eines Menschen verstört ist, wenn er sich dem Wesen seiner Erinnerungskraft entzieht, die Möglichkeit, die Chance ihrer Wiederbelebung nicht total verschüttet ist. Deshalb vermag Erinnerungsarbeit - anders als ein blosses Abgreifen von Informationen - dem Bösen in allen Verstecken und Tarnungen nachzuspüren. Auch therapeutische Hilfen können dieser Erweckung aufhelfen. So wird komplementär zum belastenden Bösen die Einsicht in des Guten Heilsamkeit aufgedeckt. Nicht ohne-trotz aller Freiheit der Wahl wie der kreativ gestaltenden Ausführung - der Spange einer ambivalenten Bifurkation ausgeliefert zu bleiben; danach, ich wiederhole es, weder das Gute noch das Böse erkennbar zur Verfügung steht, sondern nur in ihrer transitorischen Folge Gutes tun und/oder Böses zulassen. Hans Jonas schreibt es in seiner Sprache so: »Als blosses Geschöpf des Willens mangelt das Gute der Autorität, die den Willen bindet. Anstatt seine Wahl zu bestimmen, ist es ihr unterworfen und jeweils dies oder das. Erst seine Gründung im Sein stellt es dem Willen gegenüber. Das unabhängig Gute verlangt, Zweck zu werden. Es kann den freien Willen nicht zwingen, es zu seinem Zweck zu machen, aber es kann ihm die Anerkennung abnötigen, dass dies seine Pflicht wäre. Wenn nicht im Gehorchen, zeigt sich die Anerkennung im Gefühl der Schuld: Wir sind dem Guten das Seine schuldig geblieben.«[56]

VI. Kritik einer sogen. »Banalität des Guten« Die Banalität des Bösen (Hannah Arendt)

Im Lichte der vorangegangenen Betrachtungen möchte ich auf die These von der »Banalität des Guten« noch einmal eingehender zu sprechen kommen.[57] Im Rückgriff auf den berühmten und umstrittenen Schlussatz in Hannah Arendt's Buch »Eichmann in Jerusalem« wirkt deren Umkehrung in der Tat besonders banal, um nicht zu sagen effekthaschend. Hannah Arendt erkannte in der Person des Eichmann einen Menschen in enttäuschender Weise als einen engstirnigen, kleinbürgerlichen Funktionär, geistlos und langweilig. Ihm war der Befehl das Höchste, dem er gehorchend folgte; und dem er sich unterwarf auch mit der bösartigen Organisation der Massenmorde, die keineswegs als böse reflektiert wurden, sondern als berechtigte Reinigung des Volkskörpers von den Juden, die Schuld seien an allen Übeln der Welt und der Weltkriege gegen Deutschland. So ist das Böse trotz seiner Unberechenbarkeit bösartig verfügbar, insbesondere für die kalte Grausamkeit eines solchen Vernichtungsarbeiters.

»Der Angeklagte, den man allgemein als den zentralen Vollstrecker der Vernichtung des europäischen Judentums ansah, erwies sich als subalterner Bürokrat, der mit einigen wenigen Ausnahmen keine eigene Initiative entfaltet hatte und dem der diabolische Charakter und ideologische Fanatismus, den man ihm unterstellte, gänzlich abgingen.«[58] – In der Person von Eichmann hatte das Böse ein identitätsloses Ausführungsorgan, das geistig nichts Besonderes bot. Ein Mann, der im Kontrast zu der Ungeheuerlichkeit seiner Vernichtungsarbeit seltsam platt wirkte. Seine Mittelmässigkeit war total.[59] Vielleicht war er die soldatische Gehorsamspuppe bar excellence. Eichmann war kein gewöhnlicher Mensch. Ein solcher hat eine Identität und eine Erinnerungsfähigkeit seines Gewissens, auch wenn dies nur als innere Stimme wie versteckt tönt, aber öffentlich sich verschweigt. Eichmann war darin aussergewöhnlich, dass er, der im Verhör behauptete, kein Antisemit gewesen zu sein, durchaus wusste, was er tat. Aber der Befehl hatte die verbrecherische Bösartigkeit nicht nur enthemmt und losgelassen, eben nicht umgekehrt in ein Gutes, er hatte die Erinnerungsfähigkeit seines Gewissens ausgehebelt. Sein Gewissen war ihm in der pathologischen Treue totalen Gehorsams zur Identitätslosigkeit vergessen gemacht. Das lässt fragen - auch kritisch zu Hannah Arendt - ob das Böse auch ohne einen identitätslosen Menschen, der sein Sklave ist, banal sein kann? Denn wenn Es banal ist, dann auch verfügbar. Verfügbar bedeutet hier aber auch technisch anwendbar. Das Böse jedoch ist gerade unbe-rechenbar. Mithin kann auch nur Etwas Böses verfügbar banal sein, dagegen nicht das Böse im Ganzen banal. Das Böse: weil Es kein An-sich hat, sondern immer nur in einem Etwas an Spaltung sein Erscheinen, sein Wirken ausbohrt, vielfach ist es geistlos flach, platt, ordinär. Auch da, wo Es unbeeinflussbar vom Leiden seiner Opfer, ja wo Es unter dem Deckmantel von Etwas angeblich Guten gewalttätigst am Ende noch in der Maske von Ehre, Frömmigkeit, Pflicht auftritt und sich in ein Entrinnen vor sich selber vor seiner Entdeckung und Verfolgung verbraucht, - da entwindet es sich in die Bösnützlichkeit, in die langweilig gerissene Normalität. Eichmanns Verteidiger im Jerusalemer Gericht erklärte einmal der Presse: was Eichmann getan habe, galt nur den Siegern als Verbrechen. Seinerzeit galt es als Tugend. Bedingungslos zu gehorchen egal für was und wie, war eben eine Tugend, eine soldatische, eine politisch-ideologische. Sie hatte ihre Uniformen, ihre Orden, ihre Kostüme für die Menschen-Puppen aus dem Stoff der Vergessens-Macherei.

Aber war der Holocaust nur Etwas an Bösem? War er nicht eine Ungeheuerlichkeit, die alles bisher Gekannte an Bösem übertraf? Vor der Denken und Sprache verstummen? Dies über die Person von Eichmann hinaus - so wurde es öffentlich kritisch verstanden - als eine Banalität zu konstatieren, eine fade Plattheit, musste bei den Überlebenden der Hekatomben von Opfern tiefe Verletzungen auslösen. Die philosophische Denke brilliant formuliert, noch dazu als Schlusssatz, war taktlos und unhistorisch. Das wurde Hannah Arendt in einem öffentlichen Sturm der Entrüstung vorgeworfen, auch wenn sie dies nicht beabsichtigt hatte und obwohl sie mit ihrer Sentenz eine schmerzliche Wahrheit gestreift hatte.

Avishai Margalit, der auch die Frage stellt, ob wir eine Verpflichtung zur individuellen wie kollektiven Erinnerung haben, ob wir vergessen sollen (dürfen), weist im Streit um die angefochtene Sentenz auf folgendes beachtenswert hin: »Moral brauchen wir, um unsere natürliche Gleichgültigkeit gegenüber allen anderen zu überwinden. Das heisst, wir brauchen sie nicht so sehr, um dem Bösen entgegenzuwirken, als vielmehr der Indifferenz. Das Böse gehört, wie auch die Anteilnahme, zu den eher seltenen Dingen. Es gibt weniger eine Banalität des Bösen als vielmehr eine Banalität der Gleichgültigkeit. Freilich muss man zugeben, dass die Verbindung des Bösen mit der Gleichgültigkeit tödlich ist, wie die Verbindung von Gift und Wasser. Und die These von der Banalität des Bösen bezieht sich in gewissem Sinne auf ebendiese Verbindung.«[60]

VII. Das Böse, die Unfreiheit, die Lüge, die Erinnerung an das Gute im ZwischendurchSein

Das Böse in seiner grinsenden Flachheit, in der man Garstiges, Gemeines, Hässliches, Niederträchtiges, Schändliches, Frevelhaftes, erblicken muss, – es öffnet der Unabweisbarkeit des Guten in seiner uns anrufenden Tiefe und Unbedingtheit ein immer nur sich selbst misslich wiederkäuendes Maul. Leszek Kolakowski hat Mitte der 70er-Jahre in seinem Vortrag in Genf über »Die Revanche des Heiligen an der profanen Natur« gesprochen. Lässt sich zusätzlich dagegen fragen: Ob es nicht auch eine Unterschleichung des Guten durch die Rachegelüste des Bösen wegen seiner Unterlegenheit gegenüber dem Heiligen gibt?

Christliche Ethik spricht von »Sünde«. Paulus (Römerbrief 7,19-20) benennt dieses Phänomen wie ein Ausgelieferter mit den bekannten Worten: »Denn das Gute, das ich will, das tue ich nicht; sondern das Böse, das ich nicht will, das tue ich. So ich aber tue, was ich nicht will, so tue ich dasselbe nicht, sondern die Sünde, die in mir wohnt.«

Diese Heimzahlungen des Bösen am Guten umkreisen dessen unwiderstehliche Unbedingtheit wie die am Gestein eines Turmes reibenden Winde. Das Böse maskiert sich in Welt und Dasein darum gewöhnlich als etwas Gutes. Ja, es wird in schluriger Alltäglichkeit propagandistisch und ideologisch als ein die Gewissen einschläferndes Gutes, sie entlastend und verblendend getarnt. Es klebt am zeremonialen Spiel der Macht und Mächtigen. Aber die Rachegelüste des Bösen mit ihren unübersehbaren Kräften reiben sich zwar, aber zernagen nicht die Unverbrüchlichkeit des Guten.

Für diese Wahrheit stand Jesus vor Pilatus. Da bedient sich das Böse in seiner Unterlegenheit auch der ätzenden Bezweifelung und zynischen Verhöhnung, eine Methode, die im Tagesgeschäft durchaus üblich ist. Der Präsident des grausigen Volksgerichtshofes, Freisler, wendete sie oft brüllend an, um Angeklagte mürbe zu schreien durch unflätige Beschimpfungen. Man erinnere sich einer solchen unvergesslichen Szene, in der Bernd von Haeften für das Gute aufrecht widerstand.[61a]

Das Böse und die Unfreiheit sind Genossen. Sie enthemmen, sie steigern sich gegenseitig. Das Böse bläst dem Menschen den Geist aus.[61b] Zwar liegt in der Unberechenbarkeit des Bösen dennoch die wunderbare Möglichkeit eines Umschlages zum Guten an. Das Gute ist niemals banal, und ein guter Mensch auch in aller Fehlbarkeit kein banaler Typ, sondern weil alles Gute im Grunde die

Folge von Beachtung, Vernunft und Liebe ist, wird jeder Mensch durch jedes Gute, was er tut, reicher an Einsicht in das Göttliche, in Schönheit und Gerechtigkeit. In seiner Freiheit wird Es bestätigt; denn sie ist der immer gefährdete Schutz des Guten. Geschützt wird Gutes - und damit das Böse eingegrenzt - nicht durch Gesetzeskanone, durch ethische Regelsysteme, die sich durch Zwang in einer Erziehung zum Gehorsam niederschlagen. Sie sind nicht unwichtig, um die Durchsetzungsbedürfnisse der Menschen zu einer für sie aushaltbaren Ordnung ihrer Eingrenzung zu fügen. Aber es ist die Freiheit, die das Gute schützt, weil sie die Erinnerung öffnet; weil sie zulässt: wie der Geist des Menschen unter allen auch widrigsten Umständen mit der Möglichkeit einer sittlichen Kraft begnadet ist. Sie schafft das Böse zwar nicht weg, wohl aber den Bösen. Sie fällt den Bösen, den willigen Vollstreckern des Bösen in die Arme. Sie bricht in uns die Gewalt des Bösen. Sie grenzt unsere Gewalttätigkeit ein. Aus Freiheit vermögen wir es, diese zu überwinden. Eichmann war wie das inkarnierte Böse als Unperson banal. Er war ein gefrässiger Gehorsamswurm in der Hölle kalter Dämonie. Das Gute aber ist ausserhalb von Gehorsamszugriffen. Wer von der Banalität des Guten spricht, redet seiner angeblichen Verfügbarkeit das Wort, die Es als solches (und nicht nur als Etwas Gutnützliches) berechenbar machen will. Sein Verschleiss ins Vergessen wäre so gefördert. Aber Etwas Gutnützliches als Setzling des Guten unterliegt der Prüfung, ob er zutreffend oder unzutreffend ist. Ob er seinem Quellgrund verwurzelt und treu bleibt oder ob, was nicht selten ist, dem Gutseinwollenden sein Gutbewirktes zum Bösen gerät. So wie umgekehrt durch Böses Gutes entstehen kann. In den Rettergeschichten ist davon zu lesen. Verstellung, Lüge, Betrug, Fälschung, Diebstahl, ja auch Denunziantenmord wurden ausgeführt, um verfolgte Menschen aus den Klauen der Vollstrecker des Bösen zu retten.[62]

Bei Platon lesen wir dazu:

»Theodoros: Wenn du, o Sokrates, alle wie mich überzeugtest von dem, was du sagst, so würde mehr Friede und des Bösen viel weniger sein unter den Menschen.

Sokrates: Das Böse, o Theodoros, kann weder ausgerottet werden (denn es muss immer etwas dem Guten Entgegengesetztes geben) noch auch bei den Göttern seinen Sitz haben. Unter der sterblichen Natur aber und in dieser Gegend zieht es umher jener Notwendigkeit gemäss. Deshalb muss man auch trachten, von hier dorthin zu entfliehen aufs schleunigste. Der Weg dazu ist Verähnlichung mit Gott soweit als möglich; und diese Verähnlichung besteht darin, dass man gerecht und fromm sei mit Einsicht.«[63]

Lügen machen das Gute nicht vergessen. Sie verhängen zwar der Einsicht das Antlitz der Wahrheit. Wer lügt, spürt, dass er wie ausgefremdet neben seinem Gewissen in seine böse Tat hinein hängt. Aber gerade deshalb kann der Lügende Es nicht vergessen, das im Gewissen umgehende Gute, wie wohl er dies wünscht, um nicht durch Gewissensbisse gequält zu werden. In ihnen regt sich die Wahrheitsfrage. Im Lügner hat sie ihre letzte Zuflucht gefunden (Hannah Arendt).[64]

Das Gute als ein Ehrwürdiges An-sich und Für-sich Sein kann auch deswegen nicht banal (gemacht) werden, weil wenn wir das Gute in Begriffen der operationellen Rationalität zu denken versuchen, Es in dieser Bemühung schon nicht mehr das Gute ist. Wird freilich versucht, Es mit der Ideologie der Machbarkeit von allem und jedem zu benutzen und eben deren Produkte als Gutes auszugeben, so verschwindet solcher Gutnützlichkeit ihre anfänglich als Substrat eingestiftete Gutheit. Sie fällt dem vernutzenden Vergessen anheim. Das als gut ausgegebene, angebotene Produkt bietet sich in abgegriffener Gewöhnlichkeit (Banalität) an. Und wird so gekauft, verbraucht, weggeworfen. Bekommt man z.B. einen Durchblick auf die Hintergründe des Organhandels, so könnte man versucht sein festzustellen: banaler kann es nicht zugehen. Damit liesse sich auch der embryonale Stammzellenimport und -export bezeichnen. Mit dem Menschsein wird umgegangen wie im Verbrechen von Auschwitz. Böses zeugt Böses (Antigone)! Es *auschwitzt* weiter gegenüber dem noch sprachlosen Zellleben unter den es nicht sehen wollenden Augen der sogenannten Weltgesellschaft. Und die Wenigen, die zu Wenigen, die sich gegen die »kaum jemals schlafende Bestie« der Inhumanität (Hans Jonas) auflehnen, fegt die horizontale Nutzendynamik hinweg. Man nennt sie als das sogenannte »kleinere Übel« das *therapeutische Klonen*.[65] Was unter einer bestimmten Doktrin nichts nützt - oder als unnütz erklärt und selektiert wird, damals von den Nazis die andere Rasse der Juden - macht man weg. Nunmehr nicht weiter verwertbare laborbefruchtete Embryonen aus den Eisschränken ihrer vorübergehenden Lagerhaltung. In diesen Prozessen ist die Frage nach dem Guten und die Frage nach dem Bösen gleich mit weggemacht. Oder wie ich sage: vergessen gemacht worden in der Ausschaltung unseres kostbaren Gutes: der Erinnerung an das Gute.

Hannah Arendt hat geschrieben: »In diesen letzten Minuten war es, als zöge Eichmann selbst das Faszit der langen Lektion in Sachen menschlicher Verruchtheit, der wir beigewohnt hatten - das Faszit von der furchtbaren Banalität des Bösen, vor der das Wort versagt und an der das Denken scheitert.«[66] - Aber vor der Ehrwürdigkeit des Guten in seinem unantastbaren AnsichSein versagt nicht das preisende Wort, scheitert nicht das achtsame Erinnern. Es bleibt vielmehr die Sprache der Menschheit in der Suche nach Gerechtigkeit und Liebe das Erntefeld allen Denkens und Erfüllens des Guten, nicht um des Angenehmen willen, sondern um seiner selbst willen.[67]

Paulus schrieb einst in knappen Worten, aber in der Hoheit geistesverwandt: »Alles ist erlaubt, aber nicht alles dient mir zum Guten. Alles ist mir erlaubt, aber nichts soll mich gefangen nehmen.« (1. Kor., 6, 12)

Das Gute, das ein Mensch ahnt, weil Es sich ihm ahndet,[68] arbeitet sich auf eine keineswegs zu verwissenschaftliche Weise, da es als solches auch nicht der Bestand eines handelbaren Umsatzes sein kann, in eine Es an-denkende geistige Verfassung hoch, die in der Gesinnung eines Menschen fallweise bestimmend für sein Handeln wird. Aber eben nur fallweise. Niemand ist dauernd gut! Denn, so schrieb es Kant: » ...der Mensch ist bei lauter guten Handlungen dennoch böse.«[69] - Eine durch Erziehung und Bildung dazu anregende Wahrnehmungsfähigkeit hilft diesen Aufgang lenken. Unzählbar sind die vielen möglichen Vorstellungen und Begegnungen, die über Sinne und Verstand anregen, wenn nicht beflügeln, nicht zuletzt die notvoll anflehende Stimme - oder bei eigener Not die heilsame Stimme - eines anderen Menschen. Ihn darf man dann »Engel« heissen. Auch die Vernehmlassung einer göttlichen Stimme aus Natur oder Transzendenz lenkt die Wahrnehmung zum unabweisbaren Guten hin. Oft arbeitet sich ein Gutes durch schmerzliche Konflikte zu einer Es wahrnehmenden Besinnung seines Grundes hoch, wird handlungsmotivierende Sinnweisung durch alle Orientierungsverluste und Verstandesgerissenheiten hindurch. Sokrates nannte diesen Prozess das Suchen und Lernen aus der Wiedererinnerung heraus. Mit ihm signiert sich das Gute in die Existenz hinein als sein geistlebendiges Leibgehäuse, - und wird Bestimmungsmotiv des Entscheidens und Handelns. Im Bewusstsein setzt es sich zwar nicht als ein etwa reflektierbares Absolutes fest. Es schlägt sich (nur) als eine wahr-wissende Teilhabe; nämlich als Etwas Gutes nieder. Es wird zu einer Lenkungskraft gegen oder quer zu den archaisch-vegetativen Behauptungs- und Machtkämpfen mit den gewohnten Stücken aus dem Gewaltarsenal. Aber diese Lenkungskraft ist eben durch Abnutzung und Verschleiss immer wieder bedroht, dem Vergessen des ahndenden und geahnten Guten zu verfallen. Gewinnt die Triebfeder (Kant) seiner Naturkräfte geistlos die Oberhand über die

Triebfeder seines Vernunft motivierten Geistes, wird sogleich auch mächtig, wie ein Mensch Schönheit, Gerechtigkeit, Liebe zerstreut und selber ständig verschlimmbösert statt die Motive seines vernünftigen Wahrwissens rein und wirkkräftig in sein streitbar belastetes Dasein einzubergen. Deckt das Vergessen die Möglichkeit dieses Einbergens zu, verharrt das Gute an-sich unter der Decke solchen Vergessens. »Das menschliche Projekt der Erinnerung, des Eingedenkens,« wie Avishai Margalit schreibt, »ist im Grunde ein religiöses Projekt, das auf Unsterblichkeit zielt«.[70] – Durch Erinnerungsarbeit, nicht nur mnemotechnisch angewandt, wird oft eine erstickende Decke gelüftet, wenn nicht radikal weggezogen. Das bricht sich durch wie in einem Aufstand des Gewissens. Und zeigt unüberhörbar an: das Gute bleibt, als in sich Es selbst, der teilgebende Grund von Etwas Gutem. Es ist als dieser Grund (noch) unberührt und unentzweit Eines vor aller Relativität, die jeglichem Etwas an Gutem, Gutnützlichen anhaftet, das in der Entzweiung (Hegel) dem Bösen, auch dem Bösen der Erinnerungslähmung widerstehen muss. Wachgehaltene Erinnerung des Guten verlangt geistige Arbeit mit allen Sinnen; bisweilen auch mit logotherapeutischen Hilfen (nach Viktor E. Frankl). In den Bedingungen heutiger Arbeits-, Konsum-, Informations- und Programmwechselgesellschaft, die keine Kohärenzen, sondern Patches (Stückwerke) als Erlebnishappen produziert, sind dazu wenig Freiräume gleichsam als Lücken zwischendurch, als Seinserinnerung auf Lücke in Kurzzeiten kreativ gelassen.

Was bedeutet das genauer:[71]

Zwischendurch signiert dem gewöhnlich zeitflüchtigen, horizontal bewegten, daseinskämpferischen Bewusstsein ein zwischenzeitliches Ereignen ... – Zwischendurch signiert sich ein Beahndetsein, ein Aufgesuchtsein als Wahrnehmen einer zeitlos ungestalteten Zeitlichkeit. In ihr kehrt sich das mit Sachen und Dingen beschäftigte Selbstbewusstsein um, ja wird umgekehrt in ein zeitweilig ruhendes Aufgerichtsein auf wieder wenn auch zunächst verschwommenen fühlbarem Seinsgrunde. Seine wachgerufenen Stimmungen suchen zwischendurch aber ihre Sprache und Sprechweise. Sie entäussern sie in die Selbstvergewisserung und vergeben sie in der Kommunion des Gespräches Anderen, die auch in den Raum des ZwischendurchSeins eingetreten sind.

Zwischendurch signiert sich im alltäglichen Dasein, oft auch unerwartet, ein zuvor verschlossener Seinszugang, ja eine bislang verschüttete Seinsöffnung zum Guten. Im Zwischendurch ist das Flüchten aus Selbsterkenntnis und Selbstbewahrung abgefangen. Zwischendurch bin ich der Gast meiner Lebensbesinnung.

Die wache Bewusstlosigkeit aus ZwischendurchSein ist nicht ein Zustand psychischer Löschung ... – Sondern der Geist im onto-existentiellen Gedächtnis ist zuinnerst aus seiner reflexiven Zweckvernutzung, seiner kybernetischen Besetzungsmacht über diese Hinaus, ohne sie, nur bei sich im Grunde, auch in Gründen von Abgründen, gesammelt.

In einem so geschenkten ZwischendurchSein bin ich gleichsam von mir selbst unterbrochen, bin transzendiert. Es geschieht mir, gewöhnlich ungewollt, eine Unterbrechung, eine tief lotende Innehaltung, und damit Öffnen meiner gewohnten Ich-Umkreiselungen in den Radien notwendiger Daseinsgestaltungsbewegungen physisch wie geistig-psychisch.

Im ZwischendurchSein erinnern wir Vergessenes, es schenkt reinigende Klärung und also Friedsamkeit. Zwischendurch erhellt sich unsere Selbstvergessenheit über das Böse und das Gute.

Wir erinnern zum wenigsten versäumte Daten, Erledigungen, Verpflichtungen – das wie von seitwärts hereinschneiend auch, – wir erinnern zumindest Etwas Gutes wie Böses. Wir erinnern uns – frei vom wegweg-stonstwo-als zwischen Leben und Tod ausgespannt nicht nur zeitweilig, sondern immer unablösbar. Wir erinnern die

Sehnsucht nach einem glücklichen Leben. Wir erinnern Gelingen und Fehle, Untreue und Treue, - und von den Schattenrändern unseres Daseins schimmert das Gute als Gerechtigkeit, Wahrheit und Liebe auf.

Im ZwischendurchSein sind wir unzerrissen unsere Identität. Sind keiner Affektdynamik, keiner Triebenergetik ausgeliefert. Denn ein ZwischendurchSein richtet unseres Herzens Sinn und Sein wie befreit sein Gezweige auf, - und fühlsame Gedanken beblättern es, - auch im Wechsel mit der Existenz anderer Kommunikanten.

Schlussbetrachtung

Das Gute ruft uns an in der Vertikalen unseres Seins und unseres sittlichen Bewusstseins. Es setzt Prozesse in Gang. Davon hat Platon mit den Gesprächen des Sokrates viel selbst Erfahrenes und Wahres geschrieben, aber durchaus schon mit Blick und Forderung an diese Prozesse auf eine gutseiende Verwirklichung in Staat, Gesellschaft, Freundeskreis und Familie, in Krieg und Frieden, in Gesundheit und Krankheit. Und in der Gesinnung der Ehrfurcht vor dem geheimnisvoll Göttlichen! Es ging, wenn auch mit Übergewicht, um das Beständige, ohne den Wandel auszuschliessen, zumal in der politischen Weltreichgestaltung Athens im 5., und später im 4. Jhrdt. im Makedonischen Imperium des Alexanders. Heute leben wir in einem ideologischen Diktat des Unbeständigen, in der Tipp- und Pixelwelt. Aber in der Horizontalen, der Dynamik aller persönlichen, politischen und sozialen Daseins- und Mitweltverhältnisse sollen wir gleichwohl das Gute, - das Böse einschränkend - im Reichtum aller auch gegensätzlichen Möglichkeiten verwirklichen, die einem kreativen Geist zu verdanken sind.[72] Im Schnittpunkt gestaltet sich komplementär sowohl vertikal als auch horizontal unsere Existenz im Werden und Zerfall, mit sich mischendem Erinnern und Vergessen, einmal mehr des einen wie des anderen weniger. Das Menschenleben ist immer ein im Ertragen und Ausgreifen wagend balancierendes, ernstes Spiel. Und es bleibt die Frage, ob der Gott (oder wie man Es nennen will) dieser Schöpfung, an der jeder von uns teilhat, uns zum Preis für unsere Freiheit in sie auf immer entlassen hat, im Vertrauen auf unsere Verantwortungsfähigkeit? Zumindest geschah ein Vertrauensbruch zeitweilig, so dass Er durch die total horizontal wirkenden Schaffensenergien der Moderne als Folge uns, - aber allererst wir Ihn vergessen haben. Denn ist es nicht eine bittere Konsequenz des pervertiert unfreiheitlichen Bewegungs- und Erfindungszwanges geworden, dass wir uns – ohne Seines eingreifenden Erinnerns – betäuben, ja vielleicht selbst zerstören? Es ist zwar noch nicht ausgemacht, ob Er sich wieder Unserer erinnern und uns in ein vertikales Mass zurückrufen wird, weil wir ihm Dank geben durch Ehrerbietung untereinander sowie gegenüber Natur und Weltall. Darum scheint mir auch die unstillbare Frage erlaubt, die ich eingangs stellte: was das Gute sei? Nicht nur das auf einen Nutzenzweck hin hervortretende, diesem verpflichtete Etwas an Gutem, sondern das an-sich-seiende Gute in der Urheit des Geschöpflichen aller Dinge.

Mit anderen Worten: Die Schnittpunktexistenz des Menschen hat sich aus der mittig komplementären Fassung ihrer Komponenten gelöst. Wir erleiden als Folge eine Zusammenhaltlosigkeit in unregierbaren, heillosen Zuständen. In der sich ungehemmt absolut setzenden horizontalen Dynamik, die wir gegenwärtig gesteigert beobachten; nämlich auch wie die Menschen sich als Stoff und Ware (siehe Organhandel, Embryonenzüchtung und -verwertung, Fusion von Mensch und Tier) im Wahn von Allmachtsanmassung behandeln mit dem berühmt schnöden Slang: »Wir machen alles, was wir machen können«. Und weil wir (fast) alles machen können, wollen wir auch (beinahe) alles machen. Oder wie Lenin es wortete: »Uns ist alles erlaubt«.[73] – Dieser verlorene Zusammenhang einer vertikal und horizontal verklammerten Schnittpunktexistenz scheint sich da auszutoben. Besonders in der Selbstüberholung der natürlichen Evolution, durch die wir geworden sind, ein Mensch zu sein und kein Tier, vergessen wir unsere uns beschränkenden Ursprünge und das einfache Mass der den Schnittpunkt klammernden Mitte. Der göttliche Grund, dessen Ursprüngen wir unser Herkommen verdanken: klopft er tatsächlich nur, wenn der Tod die Sense schwingt, in unserem sehnsüchtig angstvollen Erinnern an, wenigstens ein Tropfen im Meer des Ewigen zu bleiben? »Non omnis moriar« - sang einst Horaz, *nicht alles stirbt.* - Oder schaut doch, hier und jetzt (immer noch) eine Gottesliebe geheimnisvoll anwesend, wenn auch schweigend und ohne Eingriffsversuchung zu, sobald ein Mensch einem anderen hilft und ihn aus Schmerz, Not und Bedrohung rettet?

Wir wissen es nicht, ob wir es auch glauben! »Ein bewiesener Gott ist kein Gott« (Karl Jaspers). - Wir wissen es zum Glück nicht, weil schon ein geringes Wissen von einer zuschauenden Anwesenheit dieses Gottes genügte, sie sofort auszunutzen, wenn nicht zu Sachzwecken, dann zu Ritualen der Erflehung von etwas Gutem oder einer Sündenvergebung von etwas Bösen. Dieser Gott der Christen und der Juden jedenfalls versagte es sich, ein weiterhin gnädiger oder ungnädig lenkender, steuernder Gott der Geschicke zu sein, versagte sich auch das Mitleiden. Versagte es sich eh und jeh, und nicht erst seit dem szientistisch-positivistisch erzeugten, lebensfeindlichen Gottvergessen der Moderne (seit fünf Jahrhunderten). Und versagte Er es nicht auch Seinem am Kreuz hingeschundenen, verlassenen »Stellvertreter«? Ein Versagen, aus dem Legende und Theologie sich herauswinden in das Wunderbare von Auferstehung, Himmelfahrt und dem Wehen des pfingstlich Heiligen Geistes ...? Das Wunderbare und vielleicht dadurch Wahre ...? Oder verharrte Gott im Mitleiden? Aber wer mitleidet, kann er denn nichts tun? Dieser Rätsel-Gott tat während der Pestseuche 1346/48, dann im 30-jährigen Krieg, in Auschwitz, in Kolyma, in Hiroshima, in Verdun und Leningrad, in den K.Z.-Vernichtungslagern und und und ... nichts? Warum? Oder ist das eine falsche Frage? Denn will sie nicht versteckt und entlastend Gott in eine versagende Mitverantwortung zerren?[74] Der sich aber so doch nicht aus seinem Schweigen hervorlocken lässt ... -

So bleibt, auf der überschnellen Fahrt der Menschheitsgeschichte immer wieder anzuhalten und zwischendurch zu verharren, um sich des Schnittpunktes unserer

Seinslebendigkeit zu vergewissern, ihn sich nicht auseinander zu reissen; gleichsam mit, durch und in ihm fahrend ein vergewisserndes Bewusstsein zu bewahren, Erinnerung trotz Vergessen und Vergessen trotz Erinnern: Sein und Dasein sich wechselseitig kreuzigen zu lassen als einen Dienst der Demut neben, aber auch mitten in der Alltäglichkeit. Es ist ein Dienst, der das Dilemma kontingenzanfälliger, zwiespältiger Freiheit und undurchsichtig zwingender Notwendigkeit aushält und austrägt. Der es mitverantwortet im Gestalten und letztlich auch in einer *reinigenden Heilkraft von Ohnmacht zum Guten hin, entgegen dem Bösen.* Ein Dienst, der als fragwürdiges Zeugnis uns die Suchfrage in das Vergessen und Schweigen Gottes aufwirft: ob Er sei oder ob ohne Ihn das Nichts ...? Ein Nichts als ein NochnichtSein, - als des Gottes Abwendung in schlummernde Vollkommenheit.

Ja, ob denn nicht eben durch unsere Ohnmächtigkeiten in Wissen und Tun eine Kunde erinnert sein soll von Gottes (selbstgewollter?) ohnmächtiger Existenz angesichts unseres Bösen? Verbirgt sich etwa hinter dieser Kunde eine gottwillige Absicht, eine Schöpfungslist: die von der Unentbehrlichkeit des Bösen als der treibenden Erinnerungs-Anleuchte für das unverzichtbare, unauslöschliche Gute?

»Bemühe dich nicht viel zu verstehen, bemühe dich viel zu lieben« - hätte Augustinus wohl zu einem solchen Fragekarussell gesagt.

Anmerkungen

1 Platon Politeia 505 a-c.
2 Siehe die gekürzte Fassung meines Essay zu diesem Thema in: Wolfram Wette (Hrsg.) Zivilcourage ... - Frankfurt am Main 2004 sowie die ungekürzte Fassung in diesem Buch.
3 Hans Jonas Das Prinzip Verantwortung Frankfurt am Main 1979, S. 231, ferner S. 161. Hierzu auch vergleichend: Viktor E. Frankl - Pinchas Lapide Gottsuche und Sinnfrage Ein Gespräch Gütersloh 2005, S. 51-53 ff. Leszek Kolakowski stellt in seinem gerade erschienenen Buch: Was fragen uns die großen Philosophen? ebenfalls eine platonische Frage: »Können wir geistig überleben, indem wir glauben, dass es auf der Welt nichts als einzelne Objekte gibt?« Leipzig 2006, S. 35.
4 Platon Politeia 505 a.
5 Aristoteles Nikomachische Ethik 1097 b 30 ff.
6 John Rawls Theorie der Gerechtigkeit Frankfurt am Main 1979, S. 113 bzw. 433.
7 John Rawls a.a.O., S. 436, ferner: Aristoteles Nikomachische Ethik Buch 1 1098a, Hans Jonas a.a.O. Anm. 3, S. 162 - dazu auch Anm. 21 u. 23.
8 Immanuel Kant Grundlegung zur Metaphysik der Sitten - Vorrede [390].
9 John Rawls a.a.O., S. 434.
10 Es gibt in Kroatien in Latinovac und Vukovar seit 1991 ein Begegnungsprojekt für kroatische, serbische und bosnische Jugendliche namens »SADNICE MIRA« - Setzlinge des Friedens. Ich habe meinen Begriff der *Setzlinge des Guten* nicht von daher empfangen, aber das Projekt, das mir erst Juni 03 bekannt wurde, bestätigt ihn mir.
11 Platon Politeia 509 a.
12 Platon Politeia 509 b.

13 Michael Hauskeller Geschichte der Ethik-Antike München 1997, S. 71 Anm. 71: Zitat H.-G. Gadamer »Das Gute ist nur in der Gabe da, die es verteilt (wie die Sonne als Lichtspender)«.

14 Prophet Micha Altes Testament Kap. 6,8.

15 Platon Politeia 507 b.

16 Meine Gedanken und Fragen hierzu begegnen sich mit den Erörterungen von Hans Jonas, sicher vergleichend: Hans Jonas Das Prinzip Verantwortung V. Sein und Sollen, S. 96-100; ferner 4. Kap. das Gute, das Sollen und das Sein, S. 153-171, Frankfurt am Main 1979.

17 Siehe: Retter in Uniform, und: Zivilcourage - Empörte, Helfer und Retter aus Wehrmacht, Polizei und SS Hrsg. Wolfram Wette, Frankfurt am Main 2003/2004 Klaus Harpprecht: Harald Poelchau - ein Leben im Widerstand Hamburg 2004, S. 175 ff. Ferner: Viktor E. Frankl - Pinchas Lapide Gottsuche und Sinnfrage Ein Gespräch Gütersloh 2005, S. 59-63 ff.

18 Siehe Viktor E. Frankl Logotherapie und Existenzanalyse, S. 178.

19 Platon Politeia 505 b.

20 Aristoteles Nikomachische Ethik, I. Buch 1096b-1098a.

21 G. W. Hegel: Vorrede zur zweiten Ausgabe Enzyclopädie Berlin 1827, Frankfurt am Main 1970, Werke 8, S. 21.

22 Siehe Marcel Müller-Wieland Ethik heute Hildesheim 2001, Seite 25 und 37.

23 G. W. Hegel, hrsg. Glockner 6, 46 f.

24 Platon Politeia 357-358 a, Gorgias 499 d, Menon 87 e, siehe auch a.a.O. Anm. 7 .

25 Platon Politeia 505 d.

26 Platon Gorgias 506/507.

27 N.Z.Z. 27.5.2004 Schlafen wie Einstein in Bern....

28 Gunnar Heinsohn *Die Ermutigung des Rabbi Schulweis* Zum Phänomen des Bystander - Verhaltens, Universitas 5/1993, S. 444 ff.

29 Eva Fogelmann Wir waren keine Helden München 1998, S. 177. Klaus Harpprecht Harald Poelchau Ein Leben im Widerstand, Kapitel 9, Hamburg 2004. Auf S. 142 schreibt Klaus Harpprecht über Harald Poelchau, der 1972 starb: »Aber hätte er die ganze Wahrheit über die Verbrechen des zwanzigsten Jahrhunderts gekannt: die Wahrheit der Vernichtungsmaschine von Auschwitz, des gigantischen Gulag, die Millionenopfer des maoistischen Wahnsinns, die Massenschlächtereien des Pol Pot - hätte er sein Bild vom *mündigen Menschen* korrigiert? Oder hätte er nur bestätigt gesehen, dass die *Mündigkeit zum Bösen* die gleiche Macht über den Menschen hat wie die *Mündigkeit zum Guten*, vielleicht sogar die größere? Mag sein, dass er geantwortet hätte, die Mündigkeit des Menschen sei dazu verurteilt, ohne die innerweltliche Präsenz Christi ins Böse umzuschlagen.«.

30 Siehe vergleichend Johann Jakob Bachofen, zitiert in Aleida Assmann, Dietrich Harth (Hrsg.) Mnemosyne S. 28-29, Frankfurt am Main 1991 »Es gibt zwei Wege zu jeder Erkenntnis, der weitere, langsamere, mühsamere verständiger Kombination, und der kürzere, der mit der Kraft und Schnelligkeit der Elektrizität durchschritten wird, der Weg der Phantasie, welche von dem Anblick und der unmittelbaren Berührung der alten Reste angeregt, ohne Mittelglieder das Wahre wie mit Einem Schlage erfasst.«.

31 Siehe z.B. Wladyslaw Szpilman Das wunderbare Überleben München 1998 und die Schilderung seiner Rettung durch Hauptmann d.R. Wilm Hosenfeld im Abschnitt Nocturne cis-moll, ein Beispiel

für die »spontane Unerträglichkeit« (Th. Leithäuser).

32 Siehe Marcel Müller-Wieland Gewalt und seelische Verschüttung - Erzieherische Grundlagen der Friedensfähigkeit, Hildesheim 1995. Siehe Aleida Assmann a.a.O. Anm. 29 in Mnesmosyne: Zur Metaphorik der Erinnerung, Seite 30: »Zwischen den zeitlosen Gedächtnismodellen auf der einen Seite und den eminent zeithaften auf der anderen Seite stehen jene, die sich am Bild der Schrift oder Spur orientieren. Wir bezeichnen diese Gruppe mit dem (pleonastischen, aber hier vielleicht verzeihlichen) Begriff des anamnetischen Gedächtnisses. Zeitlos sind sie darin, dass sie die Prägung einer unvergänglichen Spur voraussetzen, und zeithaft insofern, als sie das Problem des vorübergehenden Verlusts, das Vergessen und die Anstrengung der Wiederherstellung thematisieren. Die zeitorientierten Gedächtnismodelle akzentuieren die Diskontinuität der Zeit, sie setzen bei der Priorität des Vergessens und der Unwahrscheinlichkeit der Erinnerung an. Vor diesem Hintergrund stehen die religiös eschatologischen und politisch legitimatorischen Heilsgeschichten, die eine leidvolle Gegenwart der Vergessenheit durch eine verheissungsvolle Vergangenheit und eine erfüllungversprechende Zukunft einrahmen. Erinnerung ist deshalb heilskräftig, weil sie eine Brücke zwischen den bedeutungsvollen Zeiten der Vergangenheit und der Zukunft über die dunkle Gegenwart hinwegspannt. Im Unterschied zum eschatologischen Gedächtnis, das auf die messianische Zukunft oder die grosse Wende hin ausgerichtet ist, inszeniert das animatorische Gedächtnis punktuell den Kurzschluss (im Wortsinne) zwischen Vergangenheit und Gegenwart. Freilich haftet diesem Projekt stets der Charakter der Unverfügbarkeit, der Plötzlich-

keit, des Momentanen an. Diese Erinnerung trennt sich von allen Formen legitimatorischer Kontinuitätssicherung; sie zwingt Vergangenheit und Gegenwart, Nähe und Ferne in einen Punkt, der herausgesprengt ist aus linearen und narrativen Zeitkonstruktionen.« Siehe dazu ferner: Manfred Osten Das geraubte Gedächtnis - Digitale Systeme und die Zerstörung der Erinnerungskultur. Frankfurt 2004.

33 Platon Politeia 505 d.

34 Siehe Erich Fromm Die Kunst des Liebens Berlin 1974, Kapitel III: Die Liebe und ihr Verfall in der zeitgenössischen westlichen Gesellschaft.

35 Henri Barbusse Das Feuer Zürich 1930, S. 369-370.

36 Siehe dazu: Wladimir Lindenberg Himmel in der Hölle München 1983, S. 250. Es handelt sich um einen Begriff von Prof. Carl Bonhoeffer.

37 Platon Politeia 509 a.

38 Hannah Arendt Wahrheit und Lüge in der Politik München 1972. Ferner: Fritz Stern Die erzwungene Verlogenheit in: Das feine Schweigen München 1999.

39 Hannah Arendt Ideologie und Terror in Festschrift für Karl Jaspers OFFENER HORIZONT S. 239, München 1952.

40 Dazu die Schilderung des »Pannwitz Blickes« von Primo Levi in Erinnerungen an Auschwitz, auch bei Till Bastian zitiert Zivilcourage S. 54, Hamburg 1996; und in: Primo Levi Ist das ein Mensch? München 2004, S. 127 ff.

41 Kant Kritik der praktischen Vernunft. Erster Teil, I. Buch, 2. Hptst. 102-114. Grundlegung der Metaphysik der Sitten 1. Abschnitt 393 ff..., 2. Abschnitt 409-414.

42 Platon Menon 87 e.

43 Hierzu auch: Dirk Heinrichs Vom Vergessen des Bösen, S. 190 ff. in Fallkraft der Feigheit Stuttgart 1998.

44 Ludwig Wittgenstein: Tractatus logico-philosophicus, 7, Frankfurt am Main 1963.

45 Platon Menon 86 c – ferner wie Anm. 1 a.a.O.

46 Leszek Kolakowski Horror metaphysicus – Das Sein und das Nichts München 1989, S. 146.

47 Platon Politeia 357-358.

48 Karl Jaspers Chiffren der Transzendenz Acht Vorlesungen 1961, München 1970.

49 Paul Tillich Der Mut zum Sein Stuttgart 1953, S. 129: »Sein muss gedacht werden als die Negation der Negation des Seins. Das ist der Grund, weshalb wir das Sein am besten durch die Metapher *Seinsmächtigkeit* umschreiben.«.

50 Platon Politeia 509.

51 Robert Spaemann Die schlechte Lehre vom guten Zweck - Der korrumpierende Kalkül hinter der Schein-Debatte F.A.Z. 23.10.1999 Nr. 247. Hannah Arendt Wenn man dem kleineren Übel nicht widersteht in: This means you New York 17.7.1942 abgedruckt in: Vor Antisemitismus ist man nur noch auf dem Monde sicher. München 2000.

52 Karl Jaspers Das Unbedingte des Guten und das Böse in Die Wandlung 1945/46 1. Jhrg. 8. Heft S. 672 ff.

53 Aristoteles Nikomachische Ethik 1097^{b}.

54 Siehe Till Bastian: Das Jahrhundert des Todes VIII. S. 149. Wir und der Tod und die Isolierung vom Affekt München 1972. Ferner zur Variationsbreite: Arno Gruen Der Fremde in uns München 2002.

55 Platon Politeia 412 de, 413.

56 siehe Anmerkung 3 a.a.O.

57 Till Bastian Zivilcourage – von der Banalität des Guten, Hamburg 1996, S. 71. Siehe auch S. 93/94 des Essay II.
Siehe ferner: Enrico Diaglio Die Banalität des Guten, Frankfurt am Main 1994.

58 Hannah Arendt Eichmann in Jerusalem München 1964 bzw. 1986. Ferner dazu vor allem der einlei-

tende Essay von Hans Mommsen Hannah Arendt und der Prozess gegen Adolf Eichmann.

59 Siehe dazu die Merkmale von Jürgen Stroop, wie sie in den Gesprächen mit Kasimierz Moczarski erkennbar wurden: *Gespräche mit dem Henker das Leben des SS-Gruppenführers und Generalleutnant der Polizei Jürgen Stroop Aufgezeichnet im Mokotaer Gefängnis zu Warschau* Frankfurt am Main 1982.

60 Avishai Margalit Ethik der Erinnerung Frankfurt am Main 2000, S. 12-13 und 23.

61a Dirk Heinrichs: Die Fallkraft der Feigheit, S. 20ff. Stuttgart 1998.

61b Hannah Arendt a.a.O. Anm. 54, S. 105. Eichmann äusserte sich einmal so: »da war ich gewissermassen ausgeblasen« nämlich als er 1932 entlassen wurde. Und »als er von dem Führerbefehl über die physische Ausrottung der Juden und seine eigene Rolle dabei unterrichtet wurde.« Siehe dazu auch: Sebastian Haffner Anmerkungen zu Hitler, München 1978, S173/174 die hypochondrische Selbstkennzeichnung Himmlers in einer Ansprache 5. Mai 1944: »Sie werden mir nachfühlen, wie schwer die Erfüllung dieses mir gegebenen soldatischen Befehls war, den ich befolgt und durchgeführt habe aus Gehorsam und vollster Überzeugung.« - Oder (21.6.1944): »Es war die furchtbarste Aufgabe und der furchtbarste Auftrag, den eine Organisation bekommen konnte: der Auftrag, die Judenfrage zu lösen.« -.

62 Eva Fogelmann a.a.O. Anm. 28, hier S. 86-99.

63 Platon Theätet 176 a.

64 Hannah Arendt Wahrheit und Lüge in der Politik, München 1987.

65 Die Klon-Babys - wo sind sie geblieben? Ethische und technische Hürden auf dem Weg zum verdoppelten Menschen A.Z.Z. Forschung und Technik, 30.12.2004.

66 Hannah Arendt a.a.O. Anm. 54, S. 371.

67 Platon Gorgias 500, Politeia 358 a. Hans Jonas Das Prinzip Verantwortung, Frankfurt am Main 1979, S. 162: »Der gute Mensch ist nicht der, der sich gut gemacht hat, sondern der, der das Gute um seinetwillen getan hat. Das Gute aber ist die Sache in der Welt, ja die Sache der Welt. Moralität kann nie sich selber zum Ziel haben.«.

68 Eine Erklärung zu diesem selten so geäusserten, verlorenen Wort: Menschen ahnden zwar strafrechtlich Untaten, Gott aber ahndet uns. Er verfolgt uns, er ergreift uns, er vergilt und weckt uns auf. Von Ihm haben wir durch Offenbarung eine Ahnung. Ich Mensch ahne Ihn, weil Er mich so ahndet, so ergreift. .

69 Immanuel Kant Die Religion innerhalb der Grenzen der blossen Vernunft Erstes Stück, II. Abschnitt.

70 Avishai Margalit Ethik der Erinnerung Frankfurt am Main, 2000, S. 17.

71 Die nachfolgende Betrachtung des *Zwischendurch* und *ZwischendurchSein* hat in den letzten zwei Jahren immer wieder zu anregenden und prüfenden Denkgesprächen, auch philosophiegeschichtlich, mit Prof. Thomas Leithäuser und seinem Doktoranden Bernhard Heye geführt. Ihnen bin ich zu Dank verpflichtet. Der Arbeitstitel der Dissertation von B. Heye lautet: »Bewusstsein im Zwischendurch - Hypertextualität und Friedensfähigkeit« . - Meine nfg. Betrachtung ist Frucht und Zusammenfassung gemeinsamer Kommunikation.

72 Dolf Sternberger in Die Wandlung Jhrg. 4 Heft 1, 1949. »In der parlamentarischen Demokratie spielen alle Beteiligten ihre Rolle als Partei und dazu auf Zeit. Das Ganze ist niemals in einem Moment und in einer Figur gegenwärtig. Die Neutralität, die Legitimität oder - mit einem Wort - das Gute stellt

sich in einem solchen politischen System einzig im Prozess her. In dem Prozess des Miteinander und Gegeneinander der getrennten Gewalten, und dies nicht bloss im klassischen Sinne, sondern zum Beispiel auch der getrennten Gewalten von Regierung und Presse, von Handlung und Kritik. In dem Prozess des Wechsels der Verantwortung, der den ungehemmten Fluss der Quelle aller Staatsgewalt, die freie Wahl, voraussetzt. In dem Prozess, der durch das lebendige Spiel von Regierung und Opposition und dadurch gewährleistet wird, dass jede Mehrheit wiederum zur Minderheit und jede Minderheit zur Mehrheit werden kann.«.

73 Dazu auch Dostojewski's Wort: »Wenn es keinen Gott mehr gibt, dann ist alles möglich.« Hierzu gegenhaltend: Leszek Kolakowski: Falls es keinen Gott gibt, München 1982.

74 Die Bildzeitung vom 30.12.2004 stellt in einer Schlagzeile (Headline) zum Ungeheuren der Tsunami-Wellenkatastrophe im Indischen Ozean diese Frage ... »Lieber Gott, wo warst du?«, die keine echte, unauslöschliche Frage nach Gott ist, sondern nur nach einem falschen Gottesbild, das die tödlichen Erdbebenwellen weitherum hinweg schlugen. Über den Schock der Bewusstwerdung, was durch die Tsunami Katastrophe auch ausgelöst und erkennbar wurde, siehe: Ulrich Beck Das Ende der Anderen - Nach dem Tsunami: Politik in der Weltrisikogesellschaft, N.Z.Z. 14.1.2005 Nr. 11-35.

75 Siehe Literaturangaben Anm. 17 und 29 a.a.O.

Nachwort

Du, Herr, segnest die Gerechten, du krönest sie mit Gnade wie mit einem Schilde. Psalm 5,13

Ein unbekannter Beter hat vor Jahrtausenden Kunde hinterlassen von dem, was er von der Wahrheit des Guten vernommen hat. Es betet und singt sich bis auf den heuti gen Tag weiter, nicht zuletzt auch durch Taten![75] Martin Buber übertrug es aus dem fünften Psalm, indem er dazu ein neues Wort schuf: »Denn Du bists, der segnet den Bewährten, Du, wie mit einem *Schilddach* krönst du ihn mit Gnade.«

Im erhellenden Kontrast dazu fahre ich mit einigen Blitzlichtfragen schlussbemerkend fort.

Lässt sich vielleicht, so wie gegenwärtig global verschiedene Welten sich darstellen und aussehen, unsere Lage mit folgenden Sätzen angehen, ohne mit ihnen auf Anhieb zu einem Ende, einer selbstberuhigenden Antwort kommen zu wollen:

Alles scheint in Ordnung, ausserdem dass die Welt zu Grunde geht -

Alles scheint in Unordnung, ausserdem dass die Welt nicht zu Grunde geht -

Einiges ist offenkundig in Ordnung, einiges dagegen in Unordnung, ausserdem dass die Welt teilweise zu Grunde geht und teilweise keineswegs -

Das nachdenkliche Spiel dieser Sätze - mit leicht ironischem Unterton zu lesen - rührt aus der Unruhe her, wie es denn gegenwärtig um ein unverzichtbar Gutes bestellt sei: nämlich unserer *Friedensfähigkeit* ...? In diese Fragestellung mündet zeitnah meine Unstillbarkeit des Fragens nach dem Guten. Indessen damit wirft sie den Ball in die Menge! Wird er dort aufgefangen sein von Einem? Vielleicht sogar von Wenigen? Oder rollt er lästig unter die ihn platt tretenden Füsse?

Vita

Dirk Heinrichs, Dr. phil., geb. 1925 in Bremen. Gymnasiale Oberschule. 1943–45 Soldat. 1951 Promotion in Philosophie Universität Zürich. 1951/52 Studienaufenthalt und Volontariate in London u. Antwerpen. 1953 Eintritt in ein Familienunternehmen der Hafenwirtschaft Bremen/Bremerhaven. 1954 Heirat. 1955 pers. haftender Gesellschafter, ab 1968 geschäftsführender Gesellschafter bis 1996. Reisen in Europa, nach der Sowjetunion, Afrika, Asien, USA, Neuseeland; in humanitären Missionen nach Polen (1982), nach Togo (1962, 1982/84), Vietnam (1986), Balkan (1992-99). Zusammen mit seiner Frau Ruth-Christa Stifter der gemeinnützigen *Stiftung Die Schwelle, Beiträge zur Friedensarbeit* (1979) in Bremen. Mitbegründer des *Arbeitskreises Historische Friedensforschung* (1984) und des *Oekumenischen Dienstes-Schalomdiakonat* (1992).

Von Dirk Heinrichs sind bereits erschienen:

Dirk Heinrichs
Fallkraft der Feigheit
Treue und Treuebruch
Das Vergessen des Bösen

Drei Essays zur politischen Kultur
204 S.
Stuttgart 1998

Dirk Heinrichs
Den Krieg entehren
Sind Soldaten potentielle Mörder?

120 S.
Stuttgart 1996